人才争夺战

The War for Talent

麦肯锡打造伟大公司的五条人才法则

【美】埃德·迈克尔斯
（Ed Michaels）

【美】海伦·汉德菲尔德-琼斯
（Helen Handfield-Jones）

【美】贝丝·阿克塞尔罗德 ◎著
（Beth Axelrod）

徐洪力 王心 ◎译

华夏出版社
HUAXIA PUBLISHING HOUSE

图书在版编目（CIP）数据

人才争夺战：麦肯锡打造伟大企业的五条法则/（美）埃德·迈克尔斯（Ed Michaels），（美）海伦·汉德菲尔德－琼斯，（美）贝丝·阿克塞尔罗德（Beth Axelrod）著；徐洪力，王心译.－－北京：华夏出版社，2020.1

书名原文：The War for Talent
ISBN 978-7-5080-9799-2

Ⅰ.①人… Ⅱ.①埃…②海…③贝…④徐…⑤王 Ⅲ.①企业管理－人才管理 Ⅳ.①F272.92

中国版本图书馆 CIP 数据核字（2019）第 261484 号

Original work copyright © 2001 McKinsey & Company, Inc.
Published by arrangement with Harvard Business Review Press

北京市版权局著作权合同登记号：图字 01-2018-3485 号

人才争夺战：麦肯锡打造伟大企业的五条法则

著　者	[美]埃德·迈克尔斯
	[美]海伦·汉德菲尔德－琼斯
	[美]贝丝·阿克塞尔罗德
译　者	徐洪力　王　心
责任编辑	裘挹红
出版发行	华夏出版社
经　销	新华书店
印　刷	三河市少明印务有限公司
装　订	三河市少明印务有限公司
版　次	2020 年 1 月北京第 1 版
	2020 年 1 月北京第 1 次印刷
开　本	720mm×1030mm 1/16
印　张	12.5
字　数	130 千字
定　价	59.00 元

华夏出版社　地址：北京市东直门外香河北里4号　邮编：100028
网址：www.hxph.com.cn　电话：（010）64618981
若发现本版图书有印装质量问题，请与我社营销中心联系调换。

书评赞誉 | The War for Talent

任何不把人视为企业最重要资产的管理者，都应该读一读《人才争夺战》这本书，然后他们就会明白，防止企业被击垮的唯一力量就是优秀的人才。就是这样。

——鲍勃·比彻姆，BMC软件公司总裁兼首席执行官

在一个年轻的公司里，可以说，领导者最重要的职责就是保证最好的人来推动业务。本书观点清晰而且不会过时，这些观点既发自内心又切实有效，能够指导领导者如何运用企业最有效的优势——人才。

——肯尼·费尔德，Contrado公司总裁兼首席执行官

这是一本非常好的书！没有人才，组织将成为空壳，任何没有推行人才战略的公司都在走向悬崖。

——理查德·伊万斯爵士，BAE系统公司董事长

《人才争夺战》是一本让人耳目一新的书，它给每一位管理者都提出了合理、实用的建议。本书展示了领导者为了加强人才储备而必须采取的五项

措施，这些措施也适用于欧洲的商业管理。本书文字流畅，情感真挚，同时也催人奋进。

——雅各布·沃伦博格，瑞典北欧斯安银行董事长、
瑞典银瑞达集团执行副董事长

终于有一本书说明拥有人才观念的迫切性。领导者必须思考并采取不同的行动去赢得这场人才战争，对那些真正想赢的人来说，这是一本必读书。

——厄休拉·费尔贝尔恩，美国运通人力资源及质量执行副总裁

按理，的确应该为本书中的建议支付很高的咨询费，因为它在明确地指出如何行动的基础上，提炼出了未来几十年可持续增长的关键战略要素。这是所有经理人的必读书。

——A. 丹尼尔·美兰德，亿康先达国际公司董事长兼总裁

在通用电气公司，我们一直相信把优秀人才放到关键位置是成功的基础，本书采用了大量具有说服力的数据和发人深省的案例，将这一简单假设润色成吸引和利用人才的实用策略，这是一本既有趣又实用的书。

——威廉·J. 康纳狄，通用电气公司人力资源高级副总裁

我们都知道，对任何企业来说，最后决定成功与否的关键是人。关于人才的战争永无休止，本书给了我们赢得这场战争的武器。还有比这更管用的吗？！

——雪莉·拉扎勒斯，奥美人力资源高级副总裁

人才争夺战已经成为人力资本领域谈论最多的话题，现在又写成了书。作为推荐语，"必读"一词已经太温和了。

——帕特·皮塔尔，海德思哲总裁兼首席执行官

这是一个杰出的作战计划。《人才争夺战》一书对管理领域里的任何人来讲，都是一个警醒。不管是小企业还是大企业，成功都依赖于有一大批优秀的人才。

——约翰·达登，青年总裁组织前总裁

麦肯锡关于人才战争的初始研究，使得"人才战争"一词成为商学界的新语汇；持续的开创性研究则详细地说明了，为什么开发和管理最优秀的人才应该成为每个企业发展战略的核心。

——彼得·卡普利，宾夕法尼亚大学沃顿商学院乔治·W. 泰勒管理学教授、人力资源中心主任

董事会不仅应该督促首席执行官们把加强人才储备作为第一要务，而且应该让企业的所有高级管理者都将此作为第一要务。本书汇集了所有的基本方法，以帮助管理者衡量和提高其对人才管理的重视程度。

——亚当·克莱默，KKR集团

本书抓住了竞争环境中的关键点，对任何首席执行官来说，此书都是必读书。

——吉姆·罗宾斯，考克斯通信公司总裁兼首席执行官

谨以此书献给琼妮、汤姆和欧文。没有你们的鼓励,我们不会有勇气和信心从事这个有些超现实的、似乎永无休止的课题。没有你们的爱和支持,我们将永远无法完成本书。

推荐序 | The War for Talent

重新审视人才管理的战略意义

我几乎是一口气读完了这本《人才争夺战》,我必须坦诚地说,它依然超出了我的预期,尽管这是一本十多年前的"老书"了。

《人才争夺战》在2001年就出版了,当时就引起美国企业界的高度重视,甚至可以说是震动。但可能是因为它提出的理念对彼时的中国管理实践太过于超前,因而始终没有被翻译成中文。这也使得它在坊间成为一本不断被"重新发现"的好书,这两年华为、腾讯的HR高管曾不止一次跟我提起《人才争夺战》,提起麦肯锡公司在十多年前做的这项研究,甚至大幅引用书中的观点。

巧的是,没过多久,我在和君咨询的同事徐洪力就跟我提出,他想把一本人才管理的书翻译成中文,并寄来英文版,我一看,"哦,就是它了!"

说起来也难怪,2001年时,许多中国企业还处在人事管理阶段,刚开始形成人力资源管理的理念,更遑论人才管理。但是这几年,尤其是2017

年之后，随着多个城市人才政策的密集出台，掀起一轮一轮的"抢人大战"，以及华为、小米等公司相继成立总干部部、组织部，人才的价值得到了前所未有的重视。在这种背景下，《人才争夺战》更值得被重读。

这可能也是我们要时常读读经典之作的意义。我们正在重读，而不是初读。就像卡尔维诺所说的，"一部经典作品是一本每次重读都好像初读那样带来发现的书"，但与此同时，"一部经典作品是一本即使我们初读也好像是在重温我们以前读过的东西的书"。

《人才争夺战》堪称人才管理领域的开山之作、经典之作，即便放在十多年后，你会发现，它依然毫不过时，甚至会每每带给你惊喜。尤其放在眼下这个互联网时代的中国，新概念、新模式迭出，许多观点和理念未经验证就又过时了。这时我常常建议企业家和高管，多关注那些不变的东西，关注本质和规律。不要在意新不新，而要在意对不对。特别是对人的管理，真没那么多新鲜事儿。尽管技术进步一日千里，人类进化毕竟龟速前行。我们与我们的父辈、祖辈尽管有时代际遇之差，但没有本质之别。

从学理意义上说，人力资源学科的发展一直有一条清晰的主线，就是不断强化对人的价值的重视，于是从人事管理阶段过渡到人力资源管理，继而是战略人力资源管理，而到了互联网时代，把主语也换掉了，从"Human Resource"到"Talent"，提出人才管理的理念。

但有意思的是，人力资源的战略价值尚未得到充分的认识，我们的管理实践就被带到了另一条岔路上，就是更关注人力资源部本身的模式设计，从职能模式转变为三支柱模式，即业务伙伴 HR-BP、专家中心 COE、共享中心 SSC。2012 年之后，越来越多的中国企业走上了 HR 部门的再造之路，而像战略人力资源管理之类的说法，已经少有人提及了。从某种意义上来说，这也是令人遗憾的。

实际上，片面强调三支柱转型，是有一种掏空人力资源部的风险的：HR-BP 的第一汇报关系逐渐转向业务，说是业务伙伴，更像是业务伙计；COE 不直接服务于业务，更趋向于纯粹的专家化，愈加不接地气；SSC 倾向于外包，或被新的技术手段所替代。这时候，谁来为整个公司层面的人才战略部署负责？

密歇根大学教授乌尔里奇曾提醒过，他不建议使用"业务伙伴"（Business Partner，简称 BP）的概念，这容易让人目光短视和狭隘，企业里真正需要 HR 扮演的不是 BP 的角色，而是能否成为企业家、一把手的"战略伙伴"（Strategic Partner）。

所以，过度强调三支柱模式转型真正的危险是，把对人的重视、人才管理的战略意义，从企业家视角降维到了事业部和 HR 部门的层面，高度下降了太多。三支柱只是一种交付手段，而不是目的。企业中真正可贵的是那种自上而下、一以贯之、矢志不渝的人才理念，就像华为曾在其《基本法》中明确提出的，"人力资本增值的目标优先于财务资本增值的目标"，现在 20 多年过去了，又有多少中国企业能做得到呢？

《人才争夺战》是一本企业家视角的人力资源教程，这也是我想向各位读者推荐此书的最重要的原因。它在不断提醒我们：哪些才是重要之事、长远之事？什么事关全局？人才管理的本质是什么？而且难能可贵的是，作者并没有停留在理念层面，而是对如何赢得人才争夺战给出了 5 条具体的行动方案：

（1）建立人才观念；

（2）打造有竞争力的员工价值主张；

（3）重塑招聘策略；

（4）将人才开发根植于组织机体；

（5）区分并肯定员工。

这5条建议可谓拳拳到肉、切中要害，也能帮助HR从业者跳出自己的专业深井，站在企业家视角来理解问题和解决问题，成为战略伙伴，而不仅是业务伙伴。

其实，对人力资源的战略价值，学界是有一些定论的，其战略性建立在两种假设之上：

其一，许多资源是没有供给弹性的，例如人才，你有了，别人就没有了，所以控资源很重要。在20世纪90年代，华为曾有一段时间把四大邮电院校的本科生和研究生"一网打尽"，一方面是延揽人才，另一方面也是想垄断人才，削弱竞争对手的人才实力。

其二，每个企业能够真正使用的资源禀赋是不同的，别人的人才，放在你这里未必能发挥作用，所以关键是培育土壤，你的内部系统，尤其是绩效管理体系和能力，才是别人偷不去、买不了、拆不开、带不走和溜不掉的，才是人力资源管理的核心竞争力所在。

以此观之，《人才争夺战》中给出的5条建议，第1条相当于总纲，即"人才观念不是可有可无之事"，第2、3条主要对应人才获取、控资源、找到好人，第4、5条强调的是搭建系统，落实人才价值主张，留住好人。

最后我还想强调的是，做好人才管理一定不会比你想象的容易。管理学中的许多道理都是"三岁孩儿虽道得，八十老人行不得"。尤其对人才管理，企业家和业务主管经常犯的毛病是认知与行为失调：口口声声说重要，现实中很少下功夫。

许多老板都认同，人力资源是CEO的第一工程，甚至还记得杰克·韦尔奇的告诫，"用70%的时间找对的人"。但是当人才盘点与跑市场、看机会、见客户、拿资源等要事冲突的时候，什么人才管理的战略意义，就统统被抛之脑后了。

推荐序

　　从某种意义上来说，这也是许多中国企业长不大的原因。老板总是在操心业务和产品，长于冲锋陷阵、开疆拓土，而很少真正关注组织和人才，疏于运筹帷幄、治国安邦。前者的确是创业者可贵的品质，但后者才是通往伟大企业的必修之路。所以——

　　当您以为已读懂本书时，请再读一遍，并付诸行动吧！

丛龙峰 管理学博士

和君商学首席管理学家

2019年6月于南开园

序言 | The War for Talent

1997年11月的最后一周，我们挤到麦肯锡公司纽约办事处的会议室，认真研究成堆的数据。我们给77家大型公司的高管们发出了调查问卷，收到了6000多份完整的问卷反馈。除此之外，我们还对18家极具声望的公司进行了深度的案例分析。我们着手研究最棒的公司是如何建立起强大的人才管理库，是否是优秀的人才在推动着公司绩效，如今，我们正试图从搜集到的所有资料中得出合理的结论。我们原以为业绩优秀的公司拥有更好的人力资源流程，但事实并非如此。通过一遍又一遍地研究正式流程，我们得知业绩优秀的公司和业绩一般的公司在这方面旗鼓相当。

在筛选了大量数据之后，我们开始讨论本周初与时任安进公司首席运营官（现任首席执行官）凯文·萨拉尔的会面。凯文一直在努力说服他的经理们考虑他本人管理人才的方式。他说："我对经理们说，假如他们认为人才只是人力资源部的职责，那么他们就完全错了。"

带着这个观点，我们开始回顾之前在英特尔、强生、家得宝和通用电气进行过的类似讨论。每一次，这些企业的领袖们根本不提他们的继任者计划流程、评估流程、录用流程、薪酬流程或者其他人力资源流程，而是满怀激情地对我们说，他们认为优秀人才才是企业提高绩效和取得成功的关键。此外，他们还讲述了自己为加强公司人才储备所采取的大胆行动。

我们互相对视着，一个灵感突然迸发出来：并非优化的人力资源流程使企业不同，真正起作用的是遍布整个组织的领导观念，这正是我们所低估的要素。

如此一来，数据就讲得通了。高绩效公司和普通绩效公司的区别并非人力资源流程的优化，而在于对人才重要性的基本信念，以及为加强人才储备所采取的行动。

自从意识到这一点，我们一次又一次注意到人才观念的重要性。没有这种观念，招聘就成了例行公事，公司的发展全凭运气。平庸的管理者占据关键职位，流失率增加，业绩下滑。

从这个项目开始，同事史蒂文·汉金就积极建议将"人才战争"作为最终报告的标题。我们都认为这是个好标题，但可能有点军事化。然而，在说服自己不使用这个标题之前，我们已经印刷了20000份印有"人才战争"的调查问卷，并发放到商界的高级经理手中。如今回想起来，我们很高兴用了这个标题，因为它生动地体现了人才市场的新现象。

2000年，我们发起了第二轮调查，这次有35家大型公司和19家中等规模的公司参与。我们也回访了最初作过案例研究的18家公司中的5家，并增加了9家新的公司。这27家我们已经深度研究过的公司将在下一部分"关于人才战争研究"中描述。

在第二轮调查的结果中，最令人吃惊的是众多公司对人才问题缺少关注。尽管媒体对人才战争有大量报道，管理层也对此慷慨陈词，但仅有四分之一的公司将强化人才储备列为头等大事。我们可以通过分析证明，人越优秀，绩效越佳，但许多公司都在错失良机。

调查分析和案例研究使我们详尽地了解到优秀人才管理的构成要素。服务客户的第一手经验告诉我们，公司在这场战争中取得胜利是多么具有挑战性。我们曾听到许多首席执行官说，领导力的差距限制了公司的绩效。我们曾为数十位业务主管提供顾问服务，因为他们渴望提升团队人才的管理水平，但许多管理人员没有意识到这种机会。我们曾和人力资源高级经理制定战略计划，因为他们要将人力资源的职能重新定位为直线领导的战略思想同盟。几乎所有与我们谈话的经理都认识到了加强人才储备的好处，然而，许多人并不知道该怎么做，他们不知道如何努力获得组织的推动力。

撰写此书就是要满足这种需要。我们想向领导者们揭示，优秀的人才管理不是正式的人力资源流程，而是领导人自己的信仰、信念和行动。由于争夺顶尖管理人才的战争旷日持久，过去管理人才的方法在未来将不再适用。只要有勇气和信念，我们就能够加强他们的人才储备，进而获取实质性的业绩提升。

事实上，我们知道大家都可以做到。在过去的3年里，我们公司已帮助世界上100多家公司提高了人才管理水平，并亲眼看到它们因此而实现了业绩提升。

谁应该读此书？

这是一本关于如何吸引、开发、激励和保留高级管理人才的书，是写给组织中正在为自己的团队努力构建巨大的管理人才库的各级领导们的，无论他们是首席执行官、事业部总裁、部门负责人、项目经理还是店长。这是一本写给所有组织中所有管理者的书，因为他们管理人并影响他人的成功和职业生涯。尽管此书主要是写给业务主管和职能管理者，但人力资源主管也会觉得这本书很有价值，因为他们正扮演着新的、更具有战略意义的角色。

虽然我们的研究都集中在美国公司，但我们相信，书中的原理在其他地方也一样适用。我们一半的客户都与美国之外的企业有业务往来。我们发现，根据当地文化和习惯适当修订后，这些原则同样适用。

我们认为，此书中的原则对非营利组织和公共部门，包括学术机构和军队，也有借鉴意义。这些原则也适用于除管理人才之外的其他人才，例如，一些迫切需要机电工程师和计算机科学专业毕业生的公司就应该运用本书介绍的原则（麦肯锡公司最近的研究项目已揭示了这一点）。

什么是才能和人才？

我们如何定义才能？从普遍意义上讲，才能是一个人的全部能力——他或她本身的天赋、技能、知识、经验、智力、判断力、态度、性格和动机，也包括他或她学习和成长的能力。

定义杰出的管理人才就有些难度了。有这样一种说法：当你见到时你就会知道了。对于杰出的管理人才，没有一个普适的定义，因为不同的企业，要求也不尽相同。每个企业必须知道适合本企业的管理人才是什么样的。一位在家得宝很成功的管理者可能达不到其他公司对于管理人才的要求。不过我们可以说，管理才能是一种复合能力，它包括敏锐的战略意识、领导力、情感成熟度、沟通技巧、对优秀人才的吸引力和鼓舞、企业家直觉、实用技能以及行之有效的能力。

尽管人才这个概念的范畴有一些模糊，其本身却具有诱导性，人们隐约觉得理解这个词，并且会不自觉地把自己与这个词联系起来：我是"人才"

吗？我怎样才能提高自己的才能呢？

Talent一词可谓历史悠久，而且充满传奇。对古代的希伯来人、希腊人和罗马人而言，塔兰特（Talent）是一个重量单位，通过这种重量单位的贵金属交易，塔兰特（Talent）慢慢变成了一种货币单位。今天我们称之为价值创造的主要源泉，几千年之前我们称之为钱，兜了一大圈又回来了。

Talent一词在《圣经新约》的《塔兰特币寓言》中呈现出更广泛的内涵。寓言中圣马太讲了一个故事：一位主人给了3个仆人8枚塔兰特币，第一个仆人5枚，第二个仆人2枚，第三个仆人1枚。前两个仆人工作都很努力，他们的塔兰特币翻倍了。第三个仆人很懒惰，他把塔兰特币埋在土里。主人回来后，奖赏了前两个仆人，而把第三个仆人赶走了。这个故事告诉我们，才能就像塔兰特币一样，是上帝的礼物，我们必须用心培养，不能任其凋零。

在16世纪，马丁·路德这样解释这则寓言，他说，这是上帝的旨意，人们应该通过工作训练天生的才能。由此形成了新教徒的工作伦理观。此后，Talent一词逐渐抽象化，从重量单位到货币单位，从货币单位到人的天生能力，再到拥有才能的人的统称——人才。在本书中，人才（Talent）一词是指卓有成效的各级领导者和管理者，他们推动企业实现理想并改善业绩。

在古代，塔兰特币成为硬通货。同样的道理，拥有丰富人才的企业必将繁荣，缺乏人才的企业则会痛苦挣扎。

所以我们为世界上数以百万计的企业家撰写此书，希望能鼓励他们去开发身边人才，加强组织的人才建设。

鸣 谢 | The War for Talent

通常人们认为一个委员会无法写出一本书，也许这是对的，但是一个团队可以。作为一个团队，我们写作这本书有很多优势。除了3位作者，我们还有5位成员，他们陪我们走过了所有历程，他们是：埃里克·卡洛涅斯、詹尼弗·福特尼克、凯特·迈克尔斯、琳·黑里格和鲍林·威廉姆斯。

我们特别幸运地请到了埃里克·卡洛涅斯作为我们的首席编辑，从一开始，他就强调"只有清楚的思考才能清楚地写作"，同时非常熟练地帮助我们实现了这两方面的平衡。因为步调一致，本书根本看不出来是由3位作者共同撰写，这大都归功于埃里克。他不仅是个完美的编辑，同时也是一位杰出的教练，跟他在一起工作非常快乐。

詹尼弗·福特尼克是我们的第二编辑，她鼓励我们要把书写得既有实践意义又有指导意义，既经久不衰又切合时宜，既面向人才也面向企业。詹尼弗就像是我们的良知，推动我们把观点阐述得更真实、更深刻，使我们的写作更加清晰且富有文采。她帮助我们研究和撰写了许多案例，此外，她还是我们团队所有人的顾问和热心朋友。

凯特·迈克尔斯是一位了不起的作者。她与导师詹尼弗一起，研究和撰写大部分案例。她把案例写得富有戏剧性和智慧，没有她我们做不到这一点。为了完成案例，凯特还费尽心血地整理了很多重要观点。团队中有凯特，我们非常高兴。不过对于埃德，这是一个特权，因为凯特是他的女儿。

琳·黑里格负责我们的问卷调查和第二手研究。她能从我们根本无法想到的资料上发现信息，并很谨慎地确认每一件事和参考文献的准确性，机智得令人不敢相信。作为多年的朋友和同事，琳在我们关于人才战争的实践中帮了很多忙。

当然，这一年当中，如果没有鲍林·威廉姆斯的大力帮助，我们根本应付不了。他是一位无可挑剔的职业选手，他把很多章节（由于写得潦草，有些字迹几乎无法辨认）一遍又一遍地录成草稿，并把各个章节的草稿整合成书。

当然，每一本书的完成，背后都有众多的贡献者。我们从一开始就得到了史蒂文·汉肯、利比·钱伯斯、斯蒂芬妮·杜尔、马赛厄斯·林拿的帮助，还有其他几位麦肯锡的同事，他们当时都在为1997年人才战争调查辛勤工作。此外，拉里·克纳里克帮助我们思考驱动人才战争的各种力量，他花费了大量的时间帮助我们提炼1997年研究总结报告中的观点。

在最关键的头几个月里，蒂姆·威尔士领导了"2000年人才战争研究小组"，他领导了人才价值研究项目，在人才战争研究中发挥了领导者的作用。丹尼尔·道德、塔莎·麦克纳特、罗伊·梅辛、詹尼弗·米扬和乔纳森·思浦林不辞辛苦地分析和整合2000年人才战争调查资料。感谢吉尔·克恩、约翰·罗斯和米歇尔·卡弗蒂所做的通用研究。

如果没有企业参与我们的研究，这本书根本就不可能存在。我们必须感谢100多家接受我们调查的企业、27家允许我们进行案例研究的企业，以及

鸣　谢

300多位接受我们的采访,向我们讲述自己的企业和事业的人。特别要感谢那些协助我们进行案例研究的人,因为他们极其大度地帮助我们完善他们的案例故事。

在过去的几年里,我们从有幸遇到的人身上学到了很多,他们有业务主管和人力资源管理者,也有学者和高管寻访专家,其中很多人读者可以在本书中看到。我们特别想感谢最近升任为通用电气常务副总裁的查克·奥克斯基,他与我们分享了非常实用的智慧——那是从多年一线工作经验中总结出的智慧。

还有2位朋友像守护天使一样帮我们提升本书的品质,一位是梅琳达·亚当斯·美利诺,哈佛商学院出版社的编辑,她对我们的第一稿提出了好几轮反馈意见,还有一份6页的备忘录,其中半页是说我们的书大有前途,5页半给我们提出了具体且大有裨益的建议。另一位是索尔·罗森勃格,他读了我们早期的文稿之后提出了很重要的中期修正意见,并向我们介绍了哈佛商学院出版社和埃里克·卡洛涅斯。

汤姆·巴金、帕克·波尼斯蒂利、洛厄尔·布莱恩、乔纳森·戴伊、艾米丽·希基、朱利安·考夫曼、布鲁克·曼维尔、丹·梅兰德、布鲁斯·罗伯逊和杰罗姆·瓦塞拉罗阅读了早期的稿件并提出了科学合理的反馈和建议,感谢他们投入的宝贵时间和辛勤付出。

最后,感谢我们的公司麦肯锡,它允许我们写作本书,允许我们在过去的6年里发起关于人才战争的研究。非常感谢麦肯锡的合伙人,他们放心地让我们追随内心的激情,希望本书的完成能配得上他们的信任。

埃德·迈克尔斯

海伦·汉德菲尔德-琼斯

贝丝·阿克塞尔罗德

我在麦肯锡工作了32年，在即将开始退休生活的时候，我想向我的合著者、可靠的同事、我亲爱的朋友海伦·汉德菲尔德-琼斯和贝丝·阿克塞尔罗德致敬！

海伦·汉德菲尔德-琼斯花费了7年时间研究组织，并全职服务客户，在人才管理问题的很多方面，她都是世界级的专家。作为我们的四分卫，海伦·汉德菲尔德-琼斯指明了本书的框架并把握了终稿的方向。她是一位清醒的思想者、了不起的作家，也是一位杰出的咨询顾问。如果没有海伦的激情、技巧和充满热情的远见，这本书根本就不会出现，她相信我们内心已经有这样一本书。

贝丝·阿克塞尔罗德是我职业生涯中遇到的最棒的咨询师之一。基于她在组织与人才管理方面为客户服务12年的经验，她在本书中提出了一个深刻的、充满智慧的观点，即有效管理人才是非常困难的。在贝丝撰写的章节和整本书中，都可以感受到她敏锐的洞察力、犀利的才智以及灵魂的触碰，贝丝已经接替我成为人才战争研究项目的领导者。

埃德·迈克尔斯

关于人才战争研究 | The War for Talent

我们在本书中介绍的观点，来源于由麦肯锡公司实施、3位作者主持的3次重要研究，即1997年人才战争调查、2000年人才战争调查和1997—2001年人才管理案例研究。关于建立强大的人才库的关键因素，2次调查提供了大量的解读，而案例研究则为解读企业如何实现优秀人才的管理（即实践中企业是如何做的）提供了大量样本。

我们还借鉴了麦肯锡同事所做的另外3个重要研究项目的成果，这3个研究项目是人才价值研究、技术人才战争研究、绩效伦理研究。

人才管理案例研究

我们选择了业绩卓著并在人才方面享有盛誉的企业作为案例研究的对象。这些企业中，一部分是多年来在人才管理方面做得很出众的企业，一部分是最近开始采用更大胆、更严格的人才管理措施的企业，一部分是在人才管理和财务业绩方面都实现了华丽转身的企业，还有几家企业的业绩增长非常抢眼，这一切使我们相信它们在人才战争中一定做对了什么。

作为1997—2000年之间进行的研究的一部分，或者更直白地说是为了本书，我们研究了下面这27家企业：

联合讯号	HotJobs	珀金埃尔默仪器
安进	英特尔	西尔斯
艾睿电子	强生	太阳信托银行
双击公司	第3级通讯公司	赛门铁克
安然	美敦力公司	西诺乌斯金融公司
通用电气	默克	家得宝
乔治亚太平洋	孟山都	利明特
哈雷戴维森	纳贝斯克	美国海军陆战队
惠普	国民银行	富国银行

通常情况下，我们会用1—3天的时间采访这些公司的首席执行官、几位高级管理者、人力资源官员以及一些职位不高但潜力很大的经理。我们在本书里分享了很多采访中听到的印象深刻的故事。

我们要注意一个很重要的因素：这些公司中没有一家在人才管理的所有方面都做得优秀。他们可能在人才管理的一两个方面优于一般企业，但在其他方面却做得不尽如人意。我们并不是把这些企业当作完美的标杆，而是当作我们可以借鉴的源泉。

将来，我们的案例企业中肯定会有一部分难逃厄运，因为人才管理得好并不是成功的唯一条件。我们承认这一点，但同时也相信，从这些企业中学到的经验对我们仍然很有启发。

本书中所提到的企业案例都基于我们的采访，除非另有说明或脚注。

人才战争调查

我们做人才战争调查是为了了解企业如何建立强大的管理人才库，如何吸引、开发并保留企业里最高级别的200位管理人才，以及如何为年轻人建立晋升通道，使他们未来可以晋升到更高的职位。

我们设计这项调查，探究业绩最好的企业与业绩一般的企业在人才管理方面采取了哪些不同的措施。我们把股东回报行业排名前20%的企业定义为业绩最好的企业，把股东回报行业排名中间20%的企业定义为业绩一般的企业。

1997年，我们邀请了很多行业排名前20%和中间20%的美国大型企业（年销售收入20亿美元以上）参与调查，其中有77家企业同意。2000年，我们邀请了更多的企业参与，既有销售收入10亿美元以上的大型企业，也有销售收入在1亿美元与10亿美元之间的中型企业。这一次，我们不再限于排名前20%或中间20%的企业，有35家大型企业和19家中型企业参与了2000年的调查，参与调查的企业列表请见本书后面的附录。

每家企业我们都邀请了上百位经理来填写我们设计的调查问卷，其中有一类调查问卷是由每家企业中级别最高的20位管理者来填写。我们问他们人才储备的优势是什么，企业应该如何管理人才，以及他们的企业采取的实际措施是什么。另一类问卷由企业高级管理者填写，他们的职位在企业里排名前150名或前250名。我们请他们给所在企业的人才管理水平评级，并向他们了解他们自己的职业状况，比如他们为什么加盟企业并留了下来，是什么促成了他们的职业发展，以及他们是否考虑离开企业。

2000年，年轻的中级管理者作为新群体参与了问卷调查，我们把他们定义为年龄低于35周岁，未来通常会晋升到高级职位的年轻管理人员。将这个群体加入调查，是因为我们想知道未来的领导者与高层管理者的观点有何不同。因此，我们向他们提出了与高层管理者一样的问题。

1997年，我们还请高级人力资源管理者填写了一份描述企业管理其高层管理者的实践、政策和流程的调查问卷。

参与人才战争调查的企业与人员数量请见下表。

	1997	2000
企业数量		
大型企业	77	35
中型企业	无	19
参与调查问卷人数		
企业高管	360	400
高级经理	5600	4100
中级经理	无	2400
人力资源管理者	72	无
参与调查问卷总人数（不含人力资源管理者）	5960	6900

在本书中，我们引用了2000年的调查数据，因为相比1997年的调查，这些数据更新，并包含了更多的问题。当我们同时引用2000年的数据和1997年的数据时，两套数据的内在逻辑是一致的，其中2000年的数据则只包含大型企业。其实中型企业的数据反馈与大型企业非常接近。每次我们在本书中展示业绩优秀企业的数据与业绩一般企业的数据时，我们发现核心指标得分差别显著。

更多关于人才战争调查的方法请见本书最后的附录。

研究的局限性

我们的研究对象主要是以美国为总部的大中型私营企业，我们没有研究那些总部不在美国的企业和初创型企业，也没有研究非营利组织。

此外，我们的研究聚焦在企业管理人才，我们故意没有研究一线工人和技术工人，关于这些人的研究请见麦肯锡所做的技术人才战争研究。

目录

The War for Talent

第1章 人才战争 1
战略性拐点 2
人才战争会一直延续 3
大部分企业的路还很长 8
人才管理的全新措施 9
等待你的机会 15

第2章 建立人才观念 17
一切从人才观念开始 19
人才观念促成大胆的行动 21
人才开发是每位领导者的工作 24
不是可有可无之事 34
检查你的人才观念 35

第3章 打造有竞争力的员工价值主张 37
什么是员工价值主张？ 39

经理们在寻找什么？ 40
员工价值主张的构成因素是公司的重要组成部分 43
有竞争力的员工价值主张可以击败对手 53
持续改进员工价值主张 55
把它当作一种产品或市场策略来考虑 57
实现员工梦想 58

第4章 重塑招聘策略 61

为各个层级招揽人才 63
全天候猎取人才 69
开发各种各样的人才库 72
建立新渠道 74
打破薪酬规则，招到想要的人 78
执行完美的销售流程 80
为每个业务单元确立招聘策略 81

第5章 让人才开发根植于组织机体 83

员工如何成长 86
开发的匮乏 88
用工作经验促进员工开发 88
提供持续的教练式辅导和反馈 95
推动有目的的导师指导 100
培训怎么做？ 107
将游戏升级 109

第6章 区分并肯定员工 111

重塑传统伦理的勇气 112

大力投资 A 级员工 115
培养不断做出贡献的 B 级员工 118
对 C 级员工果断采取行动 121
执行稳健的人才评估流程 129
新的开始 139

第7章 行动起来，一年之内就要产生显著效果 141

令人迷失的十字路口 141
人才之事优先吗？ 143
决定从哪里开始 143
第一年就要产生显著效果 148
记住，这条路没有尽头 151
麦卡利中学 158
人才如水 160

附录　人才战争调查 163

第 1 章
人才战争

1997年，我们在麦肯锡创造了"人才战争"一词，随后我们意识到，我们定义了一个很多人都经历过但却没有清晰表述过的现象。引发这场战争的力量已经酝酿一段时间了，现在终于爆发了。一夜之间，仿佛人人都在谈论人才战争。

20世纪90年代后期，经济进入白热化，企业争相招聘和保留住他们需要的人才。为此，企业允诺高额的签约奖金，雇员则要求入职3个月就升职，炙手可热的新加盟高管板凳还没坐热就被猎头公司盯上了。很多企业都有数百个空缺职位，人才正从那些失去竞争优势的企业（如投资银行和咨询公司）流向冉冉升起的网络公司。从20世纪90年代后期招聘和留用的狂热中，可以明显看出人才战争的猛烈。

随后，互联网泡沫破灭，纳斯达克崩盘，到处充斥着令人恐惧的衰退。经济遇冷，人们很容易认为人才战争就此结束。然而，这场战争远没有结束。事实上，我们断言，人才战争至少会再持续20年。

战略性拐点

在《只有偏执狂才能生存》这本发人深省的书里，安迪·格鲁夫写道："人们很容易忽视新技术的巨大潜力、新竞争的影响，以及客户与供应商转变的力量。"格鲁夫把这些关键因素定义为战略性拐点。例如，纽约港和旧金山港因为错失了集装箱运输趋势而丢失业务，而西雅图港和新加坡港却因为抓住了这一机会而繁荣起来。同样的道理，史蒂夫·乔布斯创立的第二家电脑公司 NeXT 也是因为忽略了批量生产的 Windows 系统个人计算机的出现而走向低谷。

我们认为，人才战争就是这样一个战略性拐点，它从 20 世纪 80 年代工业时代的废墟中崛起，在 90 年代成为热门词汇，并且会在未来的几十年里重塑工商界。

所谓人才战争是战略性拐点，也就是说，如今人才是决定企业业绩优劣的关键因素，而且企业吸引人才、开发人才和保留人才的能力是长远未来一个重要的竞争优势。但是很多企业没有抓住要义，就像纽约港和旧金山港，它们只是维持现状。

尽管各个领域里的人才争夺十分激烈，但是，本书主要聚焦于管理人才的战争，不管这些管理人才是引领一个企业、一个部门，发挥职能，还是率领一个新产品团队，指导车间里的一项革新，或者管理一个只有 15 名或 150 名员工的商场。管理人才并不是企业取得成功的唯一因素，但却是关键因素，并且是人才战争的核心。

人才战争会一直延续

有三种基本因素使得人才战争愈演愈烈，分别是：从工业时代迈向信息时代不可逆转的趋势、对管理人才的素质越来越高的要求、人们日益上升的从一家公司跳槽到另一家公司的个人倾向。既然这三种构成因素没有丝毫减弱的迹象，我们相信，围绕管理人才展开的战争会成为未来许多年商业界的基本特征。

从工业时代过渡到信息时代的趋势不可逆转

人才战争发端于20世纪80年代诞生的信息时代。在信息时代，机器、工厂和资本等硬件资产，相对于专有网络、品牌、智力资本和人才等无形资产来讲，其重要性逐渐下降。

企业对人才的依赖程度在20世纪急剧上升。1900年，只有17%的工作岗位需要知识工作者，而现在是60%。知识工作者越多，意味着招纳优秀人才越重要，因为最优秀的知识工作者所能创造的价值比普通人创造的高出太多了。例如，顶尖的软件开发者编写的有效代码数量是普通开发者的10倍，他们开发的产品创造的利润是普通开发者的产品利润的5倍。思科公司首席执行官钱伯斯这样描述："一个世界级的工程师再加上5个同事，可以胜过200名普通的工程师。"

向信息时代的转型还远未结束，当经济越来越依赖知识时，高级人才的超凡价值就越来越突显出来。

对管理人才的素质要求越来越高

除了对人才的广泛需求外，对高素质管理人才的需求也在持续增长。由于全球化、去管制化以及技术的飞速进步改变了大部分行业的游戏规则，管理职务越来越具有挑战性。

现在的企业需要能够应对这些挑战的管理者，他们需要冒险家、环球企业家以及技术专家，需要能够重新定位企业业务并激励员工的领导者。

我们关于人才战争的研究已经说明，企业对过硬的管理人才的需求是多么迫切。参与2000年调查的企业高管中，99%的人表示需要在未来3年里大大加强他们的管理人才储备。只有20%的人认为自己拥有足够的领导人才，可以把握企业的大部分业务机会。

除了已具规模的企业对高效管理人才的需求日益增长，初创企业对人才储备也有很大的需求。尽管一直以来许多管理人才被吸引到中小企业，但是，随着20世纪90年代中后期风险投资热潮的到来和高科技公司与互联网企业突然出现的工作机会，小企业成为热门目标。随着2000—2001年间纳斯达克崩盘，人才转向小公司的速度减缓，也许人们开始更客观地看待创业的风险了。但我们仍然相信，初创企业和小公司会持续吸引大量的人才，特别是当风险资本把成熟的管理人才作为投资的先决条件时。凯鹏华盈合伙人莱伊·莱恩如此评价这个转变："风险投资行业将发生巨大变化，即从简单地募集资金转为教育企业如何建立起一支优秀的管理团队并选择正确的业务。"

与此同时，管理人才的供给却很有限。尽管从1998年至2008年的10年里，美国总劳动人口将增长12%，但在这段时间里，25—44岁的劳动人口将下降6%，而这些人恰恰是成为未来领袖的主力。

在某种程度上，企业可以通过依赖众多年长的领导者来缓解年轻人比例下降的影响，因为在未来10年里，45—64岁的人口将增加45%以上。然而到了新千年的第二个10年，这些上了年纪的管理者们便会大批大批地退休，到那时原来依赖他们的企业就更后继无人了。尽管有些年长的管理者可以在劳动大军中坚持更长时间,但我们无法确定会有很多人这样做,因为在过去20年里,退休的平均年龄一直保持在62—63岁之间。

企业已经感受到了优秀管理人才的短缺。强生首席执行官拉尔夫·拉森最近这样评价:"领导力是制约强生公司成长的最大瓶颈,也是我们所面临的最关键业务问题。"同样,考克斯通信公司首席执行官吉姆·罗宾斯在2000年初也说道:"人才是实现我们的增长目标的唯一控制因素。"

在未来的20年里,企业之间必将围绕供应短缺的优秀经理展开激烈的竞争。短期的经济波动会时不时地使人才市场或紧或松,但长期来看,短缺的趋势是显而易见的。事实上,除非来一场实实在在的长时期的经济衰退,否则这种人才短缺的压力不会缓解。

猎头公司告诉我们,尽管最近经济增长有所放缓,但对顶尖管理人才的需求依然很强劲。两家信誉良好的大型猎头公司在2000年的增长率都是两位数,2001年第一季度也保持着近10%的强劲增长。

日益上升的跳槽倾向

正如企业开始意识到他们需要熟练的管理者一样,管理者们也开始意识到跳槽的好处。20世纪80年代末的企业裁员打破了企业拿稳定性与员工交换忠诚度的约定,随后,在90年代中期出现了一波招聘热潮。而巧合的是,由于此时互联网招聘板块与招聘网站的兴起,招聘信息非常透明。结果只用了几年的时间,跳槽的古老禁忌就不复存在了,一个人的简历上有多份工作经历竟然成了一种荣誉。

今天,很多经理都成了被动求职者,整天竖着耳朵打听新的就业机会。我们的研究显示了这种趋势的严重程度:20%的经理表示,有很大可能在未来2年里离开现在的公司,还有28%的经理表示有可能离开。我们还发现,企业在未来需要迎接更大的挑战,因为年轻经理的离职率比年长经理高出60%。

旧特征	新特征
员工需要企业	企业需要员工
机器、资本和布局是竞争优势	人才是竞争优势
优秀人才的业绩略有不同	优秀人才的业绩显著不同
职位稀缺	人才稀缺
员工忠诚、工作稳定	员工流动、工作短暂
员工接受标准薪酬	员工要求更多

就像彼得·卡佩利在《职场中的新规则》一书中所说："当雇主明知故犯，打破了旧有的规则和长期的承诺时，他们就失去了对新规则的控制……也完全看不出来，怎样才能让雇员把控制权和责任重新交还给雇主。"

导致人才战争的因素具有必然性和广泛性，其中经济因素和人口因素在很多发达国家都是一样的。如今，这场战争正在创造新的经济特征。

人才战争的启示

导致人才战争加剧的因素给了我们两个深刻的启示。首先，权力从企业转移到了个人手中。人才拥有的谈判筹码比以往任何时候都多，他们可以为职业发展争取更好的条件。人才的价格越来越高。

虽然这对个人来讲是个好消息，但也给应对人才战争的企业提出了新的挑战。企业要想在战争中赢得优秀的管理人才，必须更加努力。

第二个启示是，优秀的管理团队已经成为竞争优势的关键因素。能够更好地吸引、开发、激励和保留人才的企业，可以比一般企业获得更多的关键而又稀缺的资源，从而极大地提高其业绩。

我们的人才战争研究表明，人才管理指标评分中排名前20%的企业，给股东创造的回报比同行企业平均高出22个百分点。而排名后20%的企业给股东创造的回报没有超过同行企业。当然,影响股东回报的因素不只是人才管理这一项,但这些数据提供了令人信服的证据,说明较好的人才管理可以取得较好的业绩。

很明显,拥有更多能干的员工并不是企业为取得胜利要做的唯一一件事。企业还需要设定高远的目标,采取正确的策略,实行绩效计划;他们还不得不激励和凝聚所有员工,以便使他们做出最好的业绩。然而,这些都需要优秀的领导者来实现。

当企业面对人才战争时,他们将采取更有力和更复杂的措施来进行人才管理。我们相信,在未来的10年里,人才管理会像20世纪60年代的市场营销和80年代的质量管理那样取得长远发展。有些企业会因为拥有了人才管理的能力而取得领先地位,而其他企业则会被甩在后面。

有趣的是,即使最优秀的企业也在努力地提高人才管理的水平。当我们在1997年发起人才战争研究时,我们邀请了21家财务绩效优异并在人才管理方面声誉卓著的企业作为研究案例。这些企业大部分每天都会接到将其作为最佳实践研究案例的请求,而他们通常会拒绝绝大多数这样的请求,但令人吃惊的是,21家企业中只有3家拒绝了我们的邀请。这样高的接受率与我们的说服力关系不大,而是与他们的认可度密切相关,因为他们认为,即使他们这样的公司也需要在人才战争中争取更好的表现。事实上,由于被人才战争所笼罩,这些企业已近乎偏执。

我们同意安迪·格鲁夫那句有点令人毛骨悚然的咒语:"只有偏执狂才能生存。"但是,我们要将这个概念进一步深化。格鲁夫写道,企业应该时刻警惕刚刚出现的技术潮流或市场的新变化。我们则认为,企业最大的挑战是能否极大地加强其人才储备,以使企业保持领先优势,这才是企业和管理者们必须意识到并妥善应对的关键战略拐点。

大部分企业的路还很长

有些企业已经实行了一段时间的人才管理并取得了成效，其中最著名的就是通用电气，它长期以来因为所培养的管理人才的能力和潜力而被人们仰慕。然而，大部分企业都不能有效地管理人才。企业都声称人是他们最重要的资产，但很多却言行不一。大部分企业都在人才管理方面苦苦挣扎。

图1-1显示了经理们是如何看待企业的人才管理水平的。正如大家所见，得分非常低。即使我们把"在某种程度上同意"这些观点的人数加进来，得分仍然不高。超过一半以上的经理认为，他们的企业不能快速地开发人才、保留高绩效人才或者清除低绩效者。可以想象，如果这5个问题是关于生产、客户服务或质量的，没有企业能够接受如此低的分数。

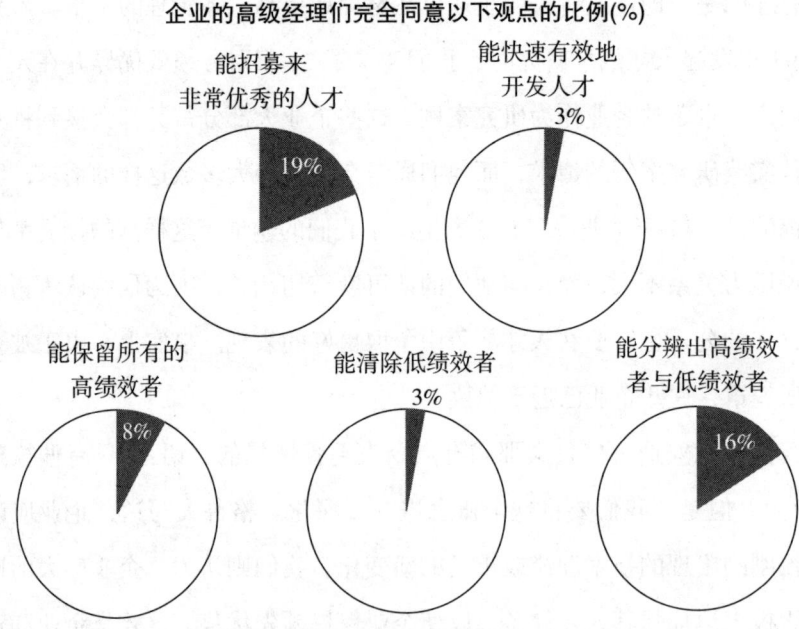

图1-1 大多数企业的人才管理很糟糕

资料来源：McKinsey and Company's War for Talent Surveys, 1997 and 2000 combined.

企业并非没有意识到人才战争的存在：72%的受访者完全同意这样的观点，即他们所在的企业能否赢得人才对于企业的发展非常关键。然而，企业却没有采取有效的措施：只有9%的企业相信他们现在采取的措施可以确保企业建立起更强大的人才库。

一些企业意识到他们目前所采取的人才管理方法是不妥当的。"我们每年要花4个月的时间来研究财务预算，但我们几乎没有花费任何时间来研究人才管理，比如我们的人才优势是什么、如何使用人才、我们的人才需求是什么，以及如何建立人才库。"考克斯通信公司首席执行官吉姆·罗宾斯说，"每个人都要对其预算负责，但却没有人对人才储备负责。难道不是我们各个部门的人才创造了绩效吗？我们是不是忽略了什么？"

为什么只有少数的企业在人才竞争中取得了胜利？很多企业还没有清醒地意识到出色的人才管理与卓越的企业绩效之间的密切关系。很多企业没有把人才管理放在重要位置：只有26%的受访者认为，加强人才储备是所在企业最重要的三件事之一。实际上，没有企业要求所有层级的领导者对建立人才库负责。

人才管理是你的企业最重要的三件事之一吗？你认为你公司的高级经理们会如何回答图1-1中的5个关键问题？毋庸置疑，大多数企业需要鼓起勇气和信心，从根本上改变他们在人才管理方面的做法。

人才管理的全新措施

近年来，出版了数不清的关于人才管理的书。有一些讨论了雇主与雇员之间关系的深刻转变，有一些建议企业把员工分成临时雇员与永久雇员两类，还有一些则对如何进行招聘面试，或者如何设计领导力开发计划给出了详细的建议。尽管这些都是很有意义的话题，但不是本书要讨论的内容。本书提出了一个战略性的观点，即每一个企业和每一个领导者都应该采取有效措施，吸引、开发、评估、激励和保留优秀的管理人才。

我们将向读者展示那些能力非凡的领导者是如何为企业建立强大的人才库的。你将看到他们是如何意识到人才战争是一个战略性拐点，以及强大的人才储备会成为竞争优势的关键因素。

基于我们在人才战争调查中对13000名经理的访谈、对27家企业案例的研究和麦肯锡为100多家企业服务的经验以及与更多企业展开的讨论，我们得出结论，企业要想赢得管理人才的战争并使人才成为一种竞争优势，就必须在以下5个方面采取行动。

（1）建立人才观念；

（2）打造有竞争力的员工价值主张；

（3）重塑招聘策略；

（4）将人才开发根植于组织机体；

（5）区分并肯定员工。

1. 建立人才观念

我们发现，通用电气、安进以及我们所研究的其他企业都有一个共同信念，即他们的业绩与竞争力来源于优秀的人才。他们知道，如果没有优秀的人才，他们就不会超过竞争对手。这些企业的各级领导者都相信，建立人才库是他们工作中极其重要的一部分。

我们把这称为人才观念，这是一种充满激情的信念，即为了实现企业目标，必须拥有优秀的员工。要想拥有顶级人才，企业的各级领导者都必须为此奋斗，人力资源部门不可能独自完成这个任务。简而言之，有效的人才管理不是要优化人力资源流程，而是要建立一种不一样的观念。

我们调查的大多数企业都没有这种观念。在这些企业里，人才不是最重要的事。相反，人是人力资源部门的事，经理们只是坐享其成，他们认为人才充其量只是众多工具中的一个。这些企业需要从根本上重新定义每一位领导者的工作。联合讯号公司的前首席执行官拉里·博西迪将发现和培养优秀领导者称为"首席执行官不可推卸的责任"，我们则更大胆地说，加强人才储备是任何级别的领导者都不能推卸的责任。优秀人才的杠杆作用是巨大的。

人才建设问责制是人才观念得以落实的前提。在人才战争调查中，我们问企业的高管："业务主管应该为其下属的素质负责吗？"93%的人回答，企业如果想要建立强大的人才库，这是很重要并且很关键的。然而，当被问到"业务主管对加强人才储备负责吗？"这一问题时，只有3%的人表示完全认可。企业对待这一问题必须言行一致。

在第2章"建立人才观念"里，你会看到人才观念是如何改变了利明特、珀金埃尔默和安进的首席执行官们管理企业的方法的，以及这些拥有人才观念的领导者是如何行事并改善企业的业绩的。我们总结出这些企业在优化人才管理时必须采取的6项措施，还概括出人力资源部门的领导者必须扮演的截然不同的新角色。我们主张新一代的人力资源管理者应该像首席执行官一样重要。

2. 打造有竞争力的员工价值主张

每个企业都有客户价值主张，客户之所以选择企业，都有清楚的、有说服力的理由。但很少有企业想过，优秀的管理人才为什么要加入企业并留下来。新的竞争不仅在于如何赢得关键客户，还在于如何赢得人才。企业需要像对待客户管理那样严肃地对待人才管理。

有竞争力的员工价值主张（EVP）由哪些因素构成呢？优秀的管理人才向往令人兴奋的挑战和广阔的发展空间，他们希望进入一家卓越的公司，追随一个卓越的领导者；他们需要开放的、信任员工和业绩导向的企业文化。此外，他们还期望大量的创造财富的机会。一个伟大的价值主张当然不能只关注钱，但是，如果一个价值主张根本不提钱，那么你就可以断定它肯定不是一个伟大的价值主张。

在第3章"打造有竞争力的员工价值主张"中，你可以更多地了解到优秀人才在寻找什么，看到双击公司、西诺乌斯金融公司、第3级通讯公司以及其他公司如何打造强有力的员工价值主张。其中有些公司所在的行业并不"性感"，所以这些公司不得不使自己具有独特的吸引力。你可以看到这些公司如何为他们想吸引的人才塑造员工价值主张，以及如何发挥企业自身的优势。

3. 重塑招聘策略

招聘已经发生了极大的变化，再也不是从一长串的候选人中挑选一个最好的，而是要主动出击去发现杰出的候选人。然而，大多数企业一直沿用着他们旧有的招聘策略——去常去的5所或6所大学招募毕业生。他们寻找同样的人，给同样级别的职位。他们也许开始将互联网作为招聘工具了，但除此之外，没有什么改变。

我们认为企业必须从根本上重新思考和重塑他们的招聘策略。企业应该招聘各个层级的人才——中级、高级甚至初级人才，因为这是为企业注入新技能和新观念的强有力方式。企业还应该转向新的人才招聘来源，他们要总结出企业需要的本质技能，然后到新地方寻找新面孔，从企业外部去找，甚至是从行业外部去找。

激进的企业正在运用新方法寻找候选人,他们一直在猎取人才,而不是只在有职位空缺时才找。他们知道,为了在当今的人才市场中赢得人才的"芳心",他们必须不停地推销、推销、再推销。这些企业很明确地让业绩卓著的业务主管担任招聘的主要负责人,还利用经济增长放缓的时机来捕获那些拔尖人才,因为这些人在平时很难招聘到。

在第4章"重塑招聘策略"中,你可以看到家得宝、太阳信托银行和艾睿电子公司大幅度地调整了他们的招聘策略,并很快取得了显著效果。

4. 让人才开发根植于组织机体

要想赢得人才战争,只取得招聘战役的胜利还远远不够,企业还要将人才开发变成公司的一部分。鉴于没有足够多现成的成熟管理人才,每个企业、每个领导者都必须对员工进行开发,以增强他们的能力。人才开发对吸引和保留员工也很关键,有才能的人往往会因为没有成长和提高而离开企业。

很多经理认为人才开发就是培训,但培训只是其中的一小部分,人才开发是通过职务扩展、教练式辅导和指导等一系列活动实现的。在大多数企业,这些重要的人才开发方法并没有被充分利用。部门间的区块分割阻碍了内部轮岗这种人才开发方法的实行,"我不可能让她离开"是常见的观点。同时,通过教练式辅导和导师制进行的人才开发基本上听天由命,因为大部分经理都不是优秀的教练或导师。

企业需要彻底地转变人才开发的方法,需要提高开发速度,让人才开发成为每日必做之事。企业应该更加有意识地对人与岗位进行匹配,以使人才得到最大限度的开发并实现最佳的业绩。企业应该更频繁、更公正地给予人才反馈,并把导师指导制度化。每个层级的每位领导者都应该成为人才开发者。

在第 5 章"让人才开发根植于组织机体"中，我们将向你展示通用电气、安进、艾睿电子和美国海军陆战队如何开发员工，以及他们的开发技术是否可以应用到你的企业里。

5. 区分并肯定员工

我们估计大部分经理已经很多年都没有给下属进行过书面的绩效评价了。我们了解到，只有 16% 的受访经理说他们的企业确实知道每个员工绩效的好坏。如果企业不能系统地识别谁是最有能力的人，他们怎么能保留这些人并给其晋升机会呢？如果不能识别那些绩效低于平均水平的人，如何才能帮助他们或请他们离开呢？

优秀的企业对员工在薪酬、机会和其他人力方面的投资给予区别对待。他们为业绩最好的员工提供快速的晋升通道，并给他们发放比一般绩效人员高得多的薪酬。他们还开发并鼓励那些工作扎实但绩效居中的员工，以帮助他们表现得更好。他们开除了绩效差的员工，因为他们认为，在这些艰难的决定面前妥协是不公平的，对在经理手下工作的员工来讲如此，对上级组织来说也是如此，甚至对那些表现不佳的员工自身来讲也不公平。这些企业对管理员工的内涵有不同的道德标准。

大多数企业却在区别对待员工方面苦苦挣扎。他们没有办法把员工分成 A、B、C 三等，也没有严格的程序确保行动的实施。大多数企业都在企业层面执行一种"一天继任规划"，但这种规划往往并不公正，也没有什么能产生实效的行动。卓越的公司在各个部门都要进行严格的人才评价，它与预算程序同等频繁和重要。他们会为 100 到 500 名管理人员制定行动计划，并有计划地加强所有部门的人才储备，然后他们会跟进这些计划以确保计划真正实施。

旧方式	新方式
人力资源部门对员工管理负责	从首席执行官开始，所有人对加强人才储备负责
我们提供不错的薪酬和福利	我们打造我们的企业、职位甚至战略，以吸引人才
招聘就像买东西	招聘就像销售
我们认为人才开发就是培训	我们主要通过职务扩展、教练式辅导和导师制开发人才
我们对每个人都一样，并认为每个人的能力都一样	我们激励所有人，但是对A、B、C三级员工进行不一样的投资

在第6章"区分并肯定员工"中，我们会向你展示利明特公司、澳大利亚国家银行和其他公司是如何做的，以及怎样建立人才评估流程，并使其成为你所在组织人才管理方法的主干。针对A、B、C三级不同的人采取不同的行动，可以使你持续地加强所在企业的人才储备，这也许会使你的企业对有才能的人具有更大的吸引力。

这5项必要的措施结合在一起，代表了一种全新的人才管理方式。

等待你的机会

人才战争是很多企业都忽略的一个战略性拐点，在未来的许多年里，这将是工商界的一个基本特征。对优秀人才的需求会越来越大，暂时的经济增长放缓并不会改变这一不可逆转的趋势。人才战争对任何企业来说都是一场挑战，但对那些反应积极并提前采取行动的企业来说，这也是取得竞争优势的巨大机会。

在第 7 章 "行动起来，一年之内就要产生显著效果"中，我们会帮助你理解如何开始并制定未来的行动计划。从我们众多的案例中，你会知道人才之旅永远不会结束，但你可以也应该在付出努力的第一年就取得显著效果。

你可以赢得人才战争。想想看，你的招聘效率提高了一倍；更多员工的最大潜能得到了开发；你把不必要的流失率削减了一半；你的人才库中有很多业绩顶尖的人才，而业绩低于平均水平的人却很少。想想看，如果你做到了这些，业绩会冲到什么程度。再想想看，如果你所在的组织在各个层级都真的拥有较优秀的人才，你将获得怎样的竞争优势。

积极地面对人才战争会大大提高你所在组织的业绩，这也将使你成为一个更优秀的领导者！

第 2 章
建立人才观念

莱斯利·卫克斯奈是一个能力非凡、多才多艺的人，他是一个商人、历史爱好者、慈善家，还是一个顾家的男人。然而最重要的，他是一位企业家。

开始时，他帮助父母在俄亥俄州哥伦比亚郊区的一个购物中心经营商店。1963年莱斯利创立了利明特品牌，他如此命名是因为他的商店不像他父母的商店那样出售日用商品，而只出售年轻女装。在之后的25年里，他创造了零售界和营销界的奇迹，拥有利明特、Express、维多利亚的秘密、Bath & Body Works等著名品牌。截至1990年，他已经拥有3800家门店，销售收入达50亿美元，他的公司被《财富》杂志评为"零售业新冠军"之一。

然而在20世纪90年代早期，利明特公司的收入陷入困局，股票暴跌。卫克斯奈比以往更加努力地工作，但却没有任何起色。他"向自己开战"，并决定咨询几个他尊敬的人。他在《侏罗纪公园》的片场拜访了史蒂文·斯皮尔伯格，观察这位著名的导演如何让那些富有创意的属下团结合作。他还拜访了通用电气公司的杰克·韦尔奇和时任百事公司首席执行官的韦恩·卡拉维，想搞清楚他们为什么能把企业运营得那么好。

"我问他们多久检查一次销售情况，"卫克斯奈回忆道，"他们说'每天检查两次销售情况'。我问他们花多少时间研究新广告，他们说'几乎从来不'。我又问他们花多少时间研究新产品概念，他们说'只有当新产品概念很重要并投入大量资金时才会研究'。而我却把一半时间花费在产品和广告上。"

卫克斯奈感到很吃惊，最后他说："好吧，那你们到底做什么呢？"他们不约而同地表示，他们花费了一半的时间在人身上——招聘新人才，把合适的人匹配到合适的岗位，培训新秀，开发全球化的经理人，处理那些业绩不良的人，以及评估公司整体的人才储备。韦尔奇对卫克斯奈说："最重要的事是让我们的每一项业务都有最优秀的人，如果我们做不到，则必输无疑。"

当卫克斯奈结束了与斯皮尔伯格、韦尔奇和卡拉维的会面后，他明白了。他意识到这3个成功的故事背后都有同一个因素，那就是人才管理，也就是这些成功的领导者是如何招募、开发并保留优秀人才的。卫克斯奈意识到，是人才使这些企业成为伟大的公司，也是人才使这些企业超过了他们的竞争对手。

"这真是一种顿悟，"他说，"我发现了完全不同的企业经营之道。"

回到家后，卫克斯奈立即将这一新的人才观念付诸实施。首先，他向人力资源经理们索要一份利明特公司最高级别的100名管理人员的名单。而他们竟然没有！等他们弄出一份后，卫克斯奈意识到，名单上的人他有一半不熟悉，无法评估。"当我做完对这些人的评估后，我感觉很不好。"他回忆道，"我意识到我的管理人员能力很弱，远远没有达到他们应该达到的水平。我雇佣了和我一样的商人，但我们需要的总经理却一个也没有！"

接下来，卫克斯奈聘请哈佛商学院的组织学教授伦恩·施莱辛格担任顾问（后来，施莱辛格成为利明特公司的首席运营官和分管领导力、人力资源的执行副总裁）。他们一起建立了一套人才评估流程，评估每个部门的人才策略以及每个部门前50名管理者的业绩表现。卫克斯奈不仅参加所有会议,还担任会议的副主席。

然后,卫克斯奈开始给公司注入新的人才力量。他从雅诗兰黛、香蕉共和国、J. Crew和盖普聘请了几位世界级的总经理,还从品食乐集团、百事公司和贝尔南方招聘了财务、物流、商场运营和信息技术等职能经理。这些新人带来了丰富的经验和新鲜的观念,随着他们的到来,大家知道杰出的人才是什么样子了。他们建立了自己的团队,有才能的内部员工开始得到晋升,不能胜任的则被清除。经过了关键的3年后,公司250名最高级别的管理人员被替换了一半多,其中三分之一由外部人员顶替,三分之二从公司内部提拔。

不到3年,公司的业绩急剧上升。利润从2.85亿美元上升到4.45亿美元,公司的股票价格也几乎翻了一倍。当然,卫克斯奈不只运用了人才这一个方法,他还重新调整了产品组合,关掉了几个部门,卖掉了几个部门,并对几个部门做了重大调整。最引人注目的是,维多利亚的秘密与Bath & Body Works合并成一家新公司——利明特股份公司。公司的采购流程也彻底重新设计了,发展规划得以成功实施。但是,卫克斯奈说:"人才是最重要的,没有人才,这些措施大部分都不会成功地得以实施。"

回顾在管理企业方面的策略变化,卫克斯奈宣称:"以前我选运动衫,现在,我选人!"

一切从人才观念开始

卫克斯奈所学到的,正是我们在5年中与上百家企业不断研讨所学到的最重要的经验。建设强大的人才库不是建设一个强大的人力资源部,不是做好培训,不是每年召开一两天的继任会议,也不是提供更多的股票期权,而是企业各个层级的领导者和经理人都建立起人才观念。

在本书介绍的众多方法中,建立人才观念最重要,这是起点。一旦一个经理确信人才开发是他的责任,其他的方法就顺理成章地成了自然要做的事。

人才观念是一种深层的信念,这种观念认为,要想超过竞争对手,就要在各个层级拥有更加优秀的人才;它还认为,优秀人才是构成竞争优势的关键因素,只有优秀人才能实施改善绩效的手段。事实上,人才观念是激活其他的人才建设需求的催化剂。

拥有人才观念的领导者将人才管理作为工作中非常重要和关键的一部分,他们知道这项工作不能假手他人,所以他们把主要的时间和精力都投放到加强人才储备上,以及帮助企业的其他管理者加强人才储备。

人才观念与旧有的关于员工管理的观念截然不同。

在本章的其余部分,我们会向你展示另外两位领导者如何建立人才观念并加强他们的人才储备,以及他们如何帮助其他人这么做。此外我们还将描述领导者为了将人才管理作为工作核心所必须采取的 6 项措施。

旧的人力观念	新的人才观念
模糊的概念——"人是我们最重要的资产"	坚定的信念——"优秀的人才创造优秀的业绩"
人力资源部门负责员工管理	所有经理都要对加强人才储备负责
我们每年都召开为期两天的人力规划会议	人才管理是我们运营企业的核心部分
我们认为人才开发就是培训	我们主要通过职务扩展、教练式辅导和导师制开发人才
我与现有的员工一起工作	为建设所需的人才库,我采取大胆的行动

第2章 建立人才观念

人才观念促成大胆的行动

在与上百家企业长达5年的谈话中，我们从未见过哪家企业在没有首席执行官的领导和热情参与的情况下，建立了人才观念并使其深入人心。当首席执行官们想要自己的下属领导也坚定地相信人才观念时，他们就必须自上而下地推动，因为这样的观念不太可能自下而上地自发形成。首席执行官必须定下调子、确定标准、表现热情并展示大胆行动的勇气。我们发现，这需要首席执行官在整个公司点燃人才观念的星星之火。

珀金埃尔默公司总裁格雷格·萨米就是这样一位领导，他不仅自己建立了人才观念，还把这一观念传播给企业的其他人。

萨米成为成功的企业领袖一点也不令人惊奇。他在12个孩子中排行第五，不得不经常与兄弟姐妹们分享各种资源，包括与2个或3个同胞合住一间卧室。萨米在高中时成绩就很好，到了肯塔基大学，他在工程学专业的班级里表现更好。大学毕业后，他在辛辛那提大学取得了电气工程硕士学位，后来又在沃顿商学院拿到了MBA学位。在以排名前5%的成绩从沃顿毕业后，萨米决定进入麦肯锡公司，后来他成了麦肯锡的合伙人。

萨米在麦肯锡只担任了2年的合伙人，此后，他突然宣布将离开麦肯锡，让所有人都吃了一惊。起初他进入了通用电气公司，后来又去了联合讯号公司，1998年，他被邀请出任EG&G的首席执行官。EG&G是一家总部设在波士顿的工程公司，有31项不同的业务，销售收入近14亿美元。公司长年依赖于政府合同，但当时销售表现平平，利润勉强可以接受。在此情况下，企业需要一位新领导和一个新方向。

萨米意识到这个公司需要立即着手做几件事：成为商用市场主导者、建设全球化组织、形成新联盟，以及为参与全球化竞争取得新技术。首先，萨米将EG&G从政府采购市场撤出。然后，他把公司重新组合成4个战略业务单元：生命科学、光电子学、流体科学和仪器。萨米还卖掉了11个低增长的业务，并购了9个高增长部门，这使得商用市场的销售收入增加了8亿美元。同时，他开始使公司更加聚焦绩效，包括调高个人和业务单元的业绩指标，落实绩效责任，制定新的激励计划。他还在适当的环节加强了财务管控，并采取措施提高质量、生产率和采购效率。他当时采取的措施非常规范，不过他还做了另外一件事。

由于在麦肯锡、通用电气和联合讯号公司工作过，萨米已经意识到了人才管理的强大力量。根据他的人才观念，萨米开始评估公司每一位最高层级管理人员的绩效和潜力。"我不仅仅评估直接向我汇报工作的15个人，"萨米说道，"我会见每一个人，总共有80多位吧。我还与他们的下属谈话，了解他们的上司及其领导力，他们的策略、绩效、主要问题以及创造的氛围。"萨米说，这些谈话给他的启示令人难以置信，"在30分钟之内我就可以判断一个上司的工作是否有成效，甚至连数据都不用看"。

萨米还从欧洲著名的工程集团艾波比聘请了一位颇有建树的人力资源官员里奇·沃尔什。沃尔什加盟以后，公司模仿联合讯号公司和艾波比，开发了一套人才评估流程。"我们把这套评估流程推行到每个业务单元，"萨米说，"我推动各部门的领导加强他们的团队建设，他们则转而要求并帮助自己的下属。"生命科学事业部营销传播和电子商务部总监肖娜·沃德回忆说："格雷格向多年来未曾受到挑战的人发起了挑战。他把我们的目标调高了，带来了刺激和活力，也带来了更多能干的人。"

他确实是这样做的。在入主EG&G的第一年年底，萨米把15名公司级高管减少到10名，而且10名中有9名都调换了。3名事业部的负责人——首席执行官、人力资源负责人、企业发展负责人——都换成了新人，而且都是萨米亲自挑选的。最高级别的100名员工中有80%是新上任的，而且有一半是从公司外部招聘的。

萨米承认让员工离开很困难，但他仍坚持这样做。"领导者最常犯的错误，就是把那些表现欠佳的员工保留太长时间。人生来都是有感情的，我们希望每个人都能成功。"他说，"但在某些时候，你必须放手，然后继续前进。我认为，习惯自己的角色、为每一个核心岗位找到合适的人，是领导力的一部分。你必须果断决策，把合适的人找来。我们辞退的人从本质上讲都是好人，但我知道，他们不是能把我们带到下一个目标的人。"

在提拔了40名内部员工之后，萨米又新招聘了40名员工充实到100个最重要的职位。他提拔和招聘来的是哪种人呢？他们不仅是能力非凡的总经理和职能经理，还是能挑战和激励别人的人。他们是深信人才观念的人，是像约翰·恩格尔那样的经理。恩格尔是从联合讯号公司挖来担任光电子科学事业部总裁的，在出任总裁的第一年，恩格尔就调动了60多人担任新职务，以更好地发挥他们的能力。他还从外部招聘了40位高级管理人员，很多是从竞争对手那里挖来的。"我的任务就是引进并协助开发那些比我能干的人才。"恩格尔解释说。

1999年10月26日，萨米骄傲地敲响了纽约证券交易所的钟声。这钟声宣告当天交易的结束，也向世界宣告，公司将名字从EG&G变更为珀金埃尔默（并购的一个公司的名称）。萨米敲钟用的钟锤现在放在他办公室书架上一个显眼的位置，这是公司发生根本性变化的象征。

好消息是，自从萨米加入EG&G以来，珀金埃尔默的股价在3年里涨了3倍。这完全归功于经典的重组吗？萨米不这么认为。"如果我们不是把注意力都集中在人才管理上，重组也不会奏效。"萨米说，"那样的话，我们第一年的成绩连实际情况的一半都不会有，之后的成绩会更差。"他补充说，"3年前人是我最关注的问题，现在也是，3年后人仍将是我最关注的问题。"

像格雷格·萨米一样，领导者应该把人才管理当作最重要的事之一，这是业绩卓著的企业区别于业绩一般的企业的重要特征。（见图2-1）

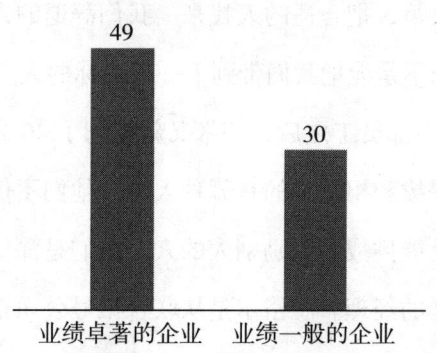

图2-1 把人才当作头等大事

资料来源：McKinsey and Company's War for Talent 2000 Survey.

人才开发是每位领导者的工作

不管你是首席执行官、事业部总裁、工厂经理、信息系统部部长、商场经理，还是学校的校长，你都有机会加强你的人才储备。每个领导者都应该问："我的团队是否强大，我要如何加强我的团队？"

除了加强自己团队的人才储备，领导者还应确保整个组织的人才储备都在加强。我们概括了领导者为了加强组织的人才储备所必须采取的6项措施。

- 建立人才的黄金标准；
- 积极、深入地参与组织中关于人的决策；
- 建立简单但详细的人才评估流程；
- 在组织的各个层级逐步灌输人才观念；
- 在人才方面投入重金；
- 要求自己和下属经理都对加强人才储备负责。

第一，领导者应该建立一套人才标准

作为领导者，你必须为所在组织建立一套人才的黄金标准。你每天都在隐性地建立这些标准，比如你雇佣的员工的素质，你选择留在公司里的那些人的素质，你在评估员工绩效时用的标准，但你有几次公开地向所在组织宣布过你的人才标准？

当我们在调查中问受访者，他们的上级在卓越绩效构成因素方面是否与他们有共同的概念时，只有10%的人持肯定的态度。如果上级领导都不清楚卓越绩效有什么特点，那么他们怎么能期望下属经理知道人才标准和卓越绩效是什么？

拉里·博西迪不是一个随意定义高级人才的首席执行官。当他1991年加盟联合讯号公司成为首席执行官时，就知道自己必须提高负责生产的领导者的素质。为了启动升级程序，他描述了他所寻找的生产负责人的标准：要授权，而不是事无巨细；带领而不是执行；懂技术，但不是技术人员。

在随后的2年时间，联合讯号公司用这个标准评估了在生产领域排名前400的管理人员，达到这一标准的人被赋予更多的职责，达不到标准的则被要求提高其表现（尽管他们当中有些人无法达到新的标准）。2年之内，这400名生产经理被联合讯号公司替换了200名。人才升级构成了联合讯号公司巨大转变的一部分，这种转变使得联合讯号的股价在不到3年的时间里从30美元上涨到75美元。

人才的黄金标准可以是拉里·博西迪用来定义生产负责人所用的简单词语，也可以是一份6—8条的能力清单（例如战略思维、沟通技巧等），包括对优秀、一般和较差行为表现的详细描述。不论是哪一种方法，人才标准必须能够明确区分表现优秀、一般和较差的人。这将成为组织内部评价和选拔人才的基准，成为人才观念至关重要的组成部分。图2-2显示，与业绩一般的企业相比，业绩卓著的企业里的首席执行官们在人才标准建立的过程中扮演了更重要的角色。

企业高管中完全认同的比例（%）
首席执行官设定人才标准

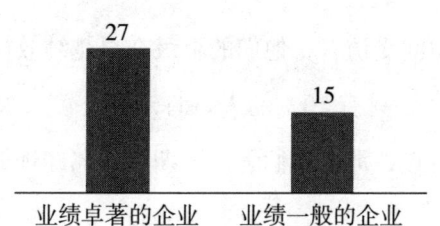

图2-2 建立人才的黄金标准

资料来源：McKinsey and Company's War for Talent 2000 Survey.

第二，领导者需要积极、深入地参与组织中关于人的决策

拥有人才观念的企业和领导者相信管理人才属于企业，他们把级别最高的100—500名经理人看作企业资产，而且他们还意识到，人才期望能担任公司的最高职务。

这并不意味着领导者需要制定其下面2级或3级的所有人事决策。他们

会参与其中，但只是确保执行人才标准和添加一些需要考虑的候选人。当有一个空缺需要填补时，他们会与入围的人面谈，发表他们的观点，然后通常会让这个职位的直接上级来决策。

特别是首席执行官，应该深入地参与企业排名前100—500的高管人员的调配、开发、招募和保留工作。几年前在百事公司，前首席执行官韦恩·卡拉维否决了前500名高管人员中30%空缺职位的最终任命建议，然后督促公司在内部和外部寻找更合适的人选。有段时间，卡拉维与2位菲多利新产品副总裁的候选人面谈了不止一次，而这个职位比他低3个层级。

一个时常制定下面2级的招聘和晋升最终决策的领导者，会让其他的管理者觉得自己被剥夺了权利。而另一个错误是参与度过低，这种错误更常见。事实上，在我们进行的人才战争调查中，只有31%的受访者认为，他们的首席执行官积极地参与了排名前200的高管人员的评估和调动工作。

第三，领导者需要推动简单但寻根问底的人才评估

你像讨论财务预算一样严肃并频繁地讨论公司的人才问题吗？你应该这样做。但在我们调查过的企业里，只有18%的企业高管肯定地认为："我们每年的人才评估流程与财务预算流程具有相同的频次和重要性。"拥有这一人才观念的领导者经常进行这样的讨论，讨论的结果是制定出一套强有力的行动计划，阐述各个业务单元将如何加强其人才储备。

比如，杰克·韦尔奇就以每年花30天时间主持通用电气公司的人才评估流程（著名的C会议）而闻名。在这个流程中，将对20—50名各个业务单元的总经理进行评估，并制定行动计划。这个流程深刻地说明，与那些至关重要的业务事项相比，人才及其在各个业务单元的梯队建设的重要性丝毫不减。人们很想知道通用电气公司没有韦尔奇会怎样发展，韦尔奇本人则把

C 会议称作通用电气公司运营系统中的重要部分。他解释说，人才评估流程在他卸任之后仍会保留，并确保每个领导者和每个业务单元都有加强人才储备的计划。人力资源部高级副总裁比尔·康纳狄补充说："毫无疑问，C 会议是通用电气公司最基本的流程。杰克给这个会议注入了与众不同的活力，但 C 会议在韦尔奇被选为首席执行官之前就有了，而且在他退休之后，仍将是一个至关重要的焦点。"

我们将在第 6 章中介绍详细的人才评估流程。

第四，领导者需要给组织中所有经理人灌输人才观念

首席执行官自己的力量是不够的，他们必须将人才观念灌输给其他领导者，这样，卓越的人才管理才能在各个层级得以实现。组织中所有领导者都必须拥有人才观念。实际上，人才管理水平出众的组织都有根深蒂固的人才观念。为了达到这一目的，首席执行官可以与其他领导者讨论人才问题，或者把人才管理当作企业看重的领导能力之一。

领导者还应该通过自己的行动来体现这种人才观念。然而在我们的调查中，只有 9% 的受访者完全赞同这样的观点："我们企业的高级管理者体现了卓越的人才管理水平。"只有 18% 的受访者肯定地认为，他们的高级管理者将人才管理视作工作的重要组成部分。韦尔奇的观点则截然不同："我认为我最重要的工作就是加强人才储备，所以我把每一次谈话、每一次会议都当作讨论人才、了解人才并帮助人们重视人才的机会。我们就是这样管理通用电气公司的。"正如一位经理所说，"每次与韦尔奇乘电梯都是一次 C 会议"。首席执行官如此持续地关注人才，传递了一个强有力的信号，即人才管理的重要性，以及谁应该对人才管理负责。

你能否坦率地告诉那些向你直接汇报工作的下属，他们的表现如何，以及哪些地方需要提高？你能否指出那些表现欠佳者的问题？你能否主动帮助你的下属调整他们的角色，以保证他们不断成长和提高？除了你的直接下属，你是否还是其他人的职业导师？如果你都不做这些事，你的企业里还有谁需要做这些事呢？

第五，领导需要在人才方面投入重金

因为工资、奖金和福利会立刻在损益表中反映出来，所以很多领导者不愿意在人才建设方面积极投入。这是因为，大部分企业没有把这种花费当作投资。然而，拥有人才观念的领导者，为了建设强大的人才储备库，却真舍得拿钱招聘新人、涨工资，支付安家费、两地分居补偿费、签约奖金、股票期权以及其他费用。

在吸引和保留顶级人才时，不要受老旧薪酬原则的束缚。如果需要，即使突破或修改一些规定，也要把合适的人招聘进来，保留住表现最好的员工，或者为企业成长储备足够的人才。太阳信托银行就是一个值得研究的有趣案例。

太阳信托银行是一家总部设在亚特兰大的多元化金融服务机构，1995年营业收入的增长率为4%。然而，为了把股东年回报率提高到15%，公司知道，必须把营业收入的增长率从4%提高到10%。太阳信托银行采取了4项措施来提高增长率：更好的新产品，新渠道，更好但成本更低的运营，以及"更多、更优秀的员工"。当太阳信托银行实现了这一目标时，公司的首席执行官菲尔·休曼深信，最大的驱动因素就是员工增加了并且业绩水平得到了提高。说到底，优秀人才是好产品、新渠道和更好运营的基础。

作为重视人才这一新措施的一部分，太阳信托银行启动了一项为南方24家银行招聘600名客户关系经理的计划。这需要资金来支付签约奖金和固定

为什么人力资源负责人将会像首席财务官一样重要

吸引、开发和保留人才是竞争优势的组成部分，比财务策略、税务筹划、预算，甚至某些并购更重要。所以，未来的人力资源负责人将发挥更具有战略意义的作用，可以说与首席财务官一样重要。

我们在调查中询问企业高管："在加强人才储备的工作中，人力资源部是否应该成为对业务主管有重要影响力的合作伙伴？"88%的受访者认为，人力资源部应该起这样的作用，这很关键或很重要。我们随后又问：人力资源负责人现在是否发挥了这样的作用？只有12%的人对此表示肯定。业务主管想从人力资源部那里得到帮助，但大部分人没有得到。

实际上每个领导者都应该对他们的人力资源经理抱有更高的期望。每个部门和大区都应该有一个能力全面的人力资源经理，他要有战略意识，以结果为导向，直言不讳、意志坚定而且能有效影响同僚和上级经理。人力资源负责人应该担当下面这些职责：

- **协助建立企业战略与人才之间的联系。** 就像珀金埃尔默公司的约翰·恩格尔所说："我希望我的人力资源负责人全面推动企业发展并成为支持公司发展战略的战略建筑师。"朱利安·考夫曼在联合讯号公司担任人力资源主管时，为建立企业战略与人才之间的联系，他参加了所有部门的计划会议。然而，大部分企业时至今日也没有建立这种联系：在我们调查的经理中，只有7%的人明确认为，他们的公司"建立了企业战略与人才储备具体要求之间的联系"。这是人力资源部要扮演的一个重要的新角色。

- **成为深谙吸引优秀人才之道的有思想的领导者。**正如格雷格·萨米最近对他的 50 名高级人力资源主管所说,人力资源主管应该是"组织的气压计,他应该充分了解员工的士气、招募和保留员工的新趋势,以及其他人力资源问题"。人力资源主管应该帮助管理团队讨论并加强公司对人才的吸引力,以及通过调查和非正式谈话监测经理人员的满意度。有了这些信息,他们就可以帮助领导者建立并实施一套吸引和保留人才的明确策略。
- **促进人才评估和行动计划。**人力资源负责人应该协助促进人才评估流程,并在各个业务单元中推动和帮助所有领导者按承诺采取行动。这需要人力资源负责人对薄弱环节(如人员、结构、流程以及文化)有灵敏的嗅觉,并能坦然地推动上级主管积极主动地加强这些薄弱环节。
- **成为排名前 50—100 的高级别管理者的发展战略建筑师。**这需要良好的评估技巧、倾听技巧、公平性和洞察力。我们从调查中得知,大多数组织在利用分工推动发展方面做得不太好。人力资源部应该成为所有领导者的顾问,以指导他们在有空缺职位时如何权衡并做出最优选择。

为了扮演好这个战略性角色,人力资源负责人应尽可能少地将薪酬管理、福利和安置等战略性职能授权给高级技术专家或外包出去。

今天,进入各部门管理团队或企业管理委员会的,更多的是首席财务官,而不是人力资源负责人。但现在人才对竞争成功来说是如此重要,我们应该有所改变。人才开发是业务主管的责任,但他们需要并应该欢迎一个出色的人力资源管理者成为其战略伙伴。

奖金，还需要上百名负责人花费大量时间来招聘和吸收这些人。为了鼓励地方银行的总裁们快速进行此项投资，公司总部承担了这些人第一年的全部薪酬和新员工的招聘费用。

此外，这 24 家银行的负责人决定处理 6 条业务线中那些身居要职但表现欠佳的人。通过评估和强制排名，他们发现业绩欠佳的经理大约占了银行业务线中 200 个核心职位的 20%。一些业绩不良者通过努力提高了业绩，他们只是没有经历过挑战，比如目标没有难度、缺乏坦诚的反馈、没有明确的晋升或降级。其他人则或者被调配到以激励性薪酬为主的销售岗位，或者得到补偿后提前退休。

招聘 600 名新员工、遣散其他员工的总成本高达 5000 万美元。对一家税后利润只有 8 亿美元的企业来说，该项成本达到了税前利润的 4%。然而，公司真付了。在第一年，太阳信托银行的营业收入增长就从 4% 提高到了 10%。在 1996—1999 年间，其增长率每年保持在 9% 左右。这样高的增长率，使得其市盈率在 1997 年和 1998 年比同行高出 15%，同时也使太阳信托银行在 1999 年收购了科思达银行。

大多数企业和领导者似乎不愿意在人才方面投资。然而我们的研究显示，优秀经理的产出比业绩一般的经理和业绩不佳的经理高出 50%—130%。由此得出，对人才的投资通常都有实质的回报。

企业经常在风险很高且回收期长达 4—5 年的项目上投资数百万美元，却不肯花一个零头来招聘更多、更优秀的人才。当你在这个问题上犹豫不决时，想想人才建设在利明特公司、珀金埃尔默公司和太阳信托银行产生的令人信服的影响。

第六，领导者应该要求自己和经理对加强人才储备负责

几乎我们调查的所有企业高管都告诉我们："经理应该对加强人才储备

负责。"(见图2-3)这很有意义，但其中只有少数人说他们的企业是这样做的。这是我们为期4年的调查中最令人吃惊的发现。

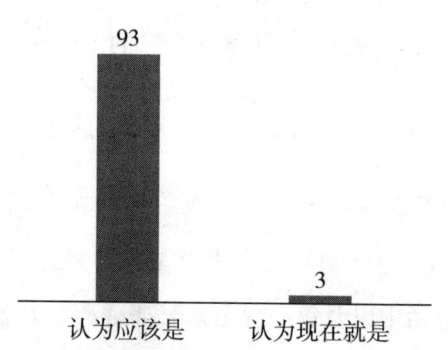

图2-3 业务主管应该对加强人才储备负责吗？

资料来源：McKinsey and Company's War for Talent 2000 Survey.

为什么企业没有让经理们对人才负责呢？你可能认为，是因为人才管理工作太难考量了，或者企业更倾向于把人才当作一种投入，而绩效的测量方式是产出，比如增长和利润。这些都是合理的解释，但你对没有人负责加强人才储备真的很满意吗，尤其是当竞争优势与经济价值明显与建设人才库的能力密切相关的时候？

20年前，大多数企业知道生产力、质量和客户满意度非常重要。然而，很少有企业能测量这些指标，也很少有经理对这些事负责，甚至是没有。只有当企业学会了如何测量这些因素，它们才能成为企业的关键业务指标。

同样，现在是我们对加强人才储备负责的时候了。责任可以也应该成为关键指标。但是，怎么做呢？

任何单位，不论是一家商店、一个实验室、一支销售队伍，还是一个部门,都应该为未来设定3—6个加强人才储备的明确目标。很显然,每个单位的目标会逐年变化,所以设定这些目标需要判断,这种判断要由组织的内部人员与上级组织的人员一起做。衡量是否成功也需要判断,这需要不断讨论和测量是否有效地建立了人才储备库。确切地说,应该在企业里系统地、全面地、深入地进行这样的讨论,但现在却完全没有。责任是使人才观念深入人心并让每一位领导者把人才管理当作自己的工作的关键。

上述6项工作并不容易,会花费你30%—50%的时间。你可能会想:"我到哪里找那么多时间做这些事?三大重点工作我都有10个了!"首先,在每次会议上、每个电话中以及每一次出差时都讨论手头上的人才问题。将每一次讨论都回归到人才评估流程中的行动计划。人才就是业务的一部分,是每天都要讨论10—12次的话题。其次,让人才问题把那些不重要的事情挤走,把其中一些事情授权给和你一起工作的有才能的经理来做。

简单地说,如何更好地使用你的时间?主持预算会议?拜访客户?挑选运动衫?如果你身边有更能干的员工,你难道不可以授权给他们做吗?想一想,你在强化团队或帮助下属强化他们的团队上所花费的每一小时,都会因杠杆效应而放大成几十小时。

不是可有可无之事

安进的首席执行官凯文·谢弗在人才管理上投入了大量的时间和精力,他认为,建设强大的人才队伍和建设强大的产品线一样,决定着企业的成败。事实上,他认为产品线与人才队伍是安进公司最重要的两件事,而且两者有着密切的联系。

谢弗说,为了建设人才梯队,"我努力让最高层的经理们相信,如果他们认为人和人力问题是人力资源部的责任,他们就大错特错了。每一个经理都要对人负责,这是我们唯一能够加强人才储备的方法"。

安进是一家市值70亿美元的公司,它研制了两个世界级的生物新药:用来治疗肾透析患者贫血的红细胞生成素针剂,以及用来治疗癌症患者因化疗而引起的感染的白细胞生成素针剂。在谢弗的带领下,最高管理层打造了一个宏大的愿景,即成为"世界上最好的医疗公司"。这需要与诸如默克、辉瑞、强生等最强大的对手竞争,还需要源源不断地推出大量新药。这条新药产品线目前包括非常有前景的治疗贫血、类风湿性关节炎、前列腺癌的药品,但还需要更多的药品。要把这些产品商业化,还需要在产品开发、营销、国际合作、联盟建设、专利保护和沟通方面具备世界级的能力。

为建立人才梯队,谢弗为排名前500的经理人实施了人才评估流程,以发现适合战略发展和承担更大责任的新星。同时,在研发、销售、市场营销、策划和人力资源方面,也存在着人才缺口。为了填补这些空白,谢弗从外部招聘了几十名优秀人才进入公司排名前100的最高层,他还开始大胆地开发公司内部具有较大潜力的人才。

当我们问谢弗,他为什么这么自信,可以让领导者、经理以及科学家树立起人才开发观念并把人才开发当作他们的工作时,他说:"我们取得了不错的进展。如果你跟我在一起工作,你就会知道,加强人才储备可不是可有可无之事。"

检查你的人才观念

当你反思这些领导者所采取的行动时,问问自己:人才在你的工作中起了什么作用？你工作中的人才管理是什么样的？

- 你是否相信，有了优秀的人才，你就能在竞争中取得胜利？
- 你是否认为，加强人才储备是你工作中的重要内容？
- 你是否使下属确信，人才开发是他们工作中的重要内容？
- 你是否在你所在的组织里建立起了人才的黄金标准，并使其深入人心，指导人们决策？
- 你是否深入参与你下面2级和3级的重要人事决策？你是否寻根问底并提出挑战性的问题？
- 你是否亲自推动每个下属单位的人才评估进程，从而大大加强了下属单位的人才储备？你是否持续跟进每个单位的计划执行情况？
- 为了向其他人灌输人才观念，你在人才管理方面是否以身作则并经常与下属讨论人才问题？
- 你是否展示了在人才方面投入重金的决心？
- 为了在未来的一年中加强人才储备，你是否让所有的领导者（包括你自己）对3—6项非常具体并可以量化的活动负责？

对于这些问题的回答，必须毫不含糊地说"是"。你公司的业绩表现就在成败之间。接受人才观念吧，并确保你的公司拥有赢得市场竞争的人才！

第 3 章
打造有竞争力的员工价值主张

对上一代人来说，工作就是一种手段，目的是挣取餐桌上的面包、家人头上的屋顶，或者某天成为一家受人尊敬的大公司的经理。你加入一家公司，完成分配给你的工作，然后顺着事业阶梯缓慢而小心地向上爬。直到 50 岁或 60 岁出头，你的职业和薪酬才达到顶峰。

今天，工作已经变成一个完全不同的命题。优秀的人才需要高额的薪酬和所有福利。更重要的是，他们希望在工作中感受到激情，为工作而兴奋，因自己的事业发展机会而感到充实，因公司的管理深度而充满信心，因受公司领导的重视而振作，并被工作的使命感所激励。他们会努力工作，但他们的诉求也需要得到满足。如果诉求得不到满足，他们就会选择离开。优秀的经理人有很多诱人的选择，他们知道自己能创造多大的价值。由于这些原因，人才的价格——不论是财务意义上的还是非财务意义上的——都上涨了。

作为一家领先的互联网广告公司，双击公司是一个企业典范，它非常清楚地知道，要满足员工的这些高期望值。当德怀特·梅里曼和凯文·奥康纳在 1996 年创立公司时，他们提出了一个员工价值主张，它不仅包括"新经济"那些华而不实的东西——公司在大堂里设置了意式咖啡吧，并且提供免费的莎莎舞课，还有很多新玩意儿——更重要的是，他们开创了互联网广告的新时代。

此外，他们确立的价值主张给员工创造了掌控和设计自己职业生涯的机会。梅里曼和奥康纳鼓励员工们在企业内部调换岗位、学习新技能或冒险去做可能失败的事。比如奇普·斯科维克，双击公司的价值主张使他放弃了6年的律师生涯而加盟该公司。尽管双击公司不能马上给斯科维克提供合适的职位，但还是给了他"自由经济人"的名号，并把他请到了旧金山。现在他领导着公司最大的几个客户团队，为提供技术解决方案的供应商服务。当斯科维克回忆起在双击公司的工作机会时，他说："我可以到任何我想去的地方工作。"

在双击公司，员工对工作拥有高度的自主权。反过来，公司对其企业家精神和表现要求较高。对各个层级的员工来说，工资涨幅和奖金都基于业务成果和他们自己的绩效。当然，也有被降职的危险。那些没有创新思维，不能取得良好业绩或领导力较弱的人将被降职或被辞退。首席执行官凯文·瑞安希望每年辞退一批表现欠佳者。

"我通过两个领导力问题来判断我的下属。"瑞安解释说，"团队里的员工与他们一起工作是否开心？他们能否招聘到优秀的人？如果经理们不能帮助我们吸引并保留最优秀的人，那么他们的工作就做得不够好。他们的薪酬和奖金会直接体现出他们做这些事的能力。"

对双击公司员工价值主张的真正考验，始于2000年春的纳斯达克股灾。与其他互联网公司一样，双击公司的股价下跌超过了80%，员工股票期权计划也搁浅了。一些观察家判断，整个互联网广告行业前途渺茫。

然而引人注目的是，当很多互联网公司在衰退中流失了大量优秀员工时，双击公司排名前 100 的高管却没有一个离职。这并不是因为有股票期权、咖啡吧或者莎莎舞课，而是因为双击公司拥有一个员工价值主张，它驱动和激发员工，并与人们对事业的期望一致。如果双击公司未来成功了，很大程度上应该归功于它充满活力的员工价值主张和强大的人才储备。事实上，所有公司都需要一个有竞争力的员工价值主张，因为他们都需要吸引和保留最优秀的人才，不论是在好的时候还是在差的时候。

什么是员工价值主张？

员工价值主张是员工作为企业的一部分所感受到和接受的所有东西的总和，包括从工作的内在满足感，到环境、领导、同事、薪酬等所有事物，它关乎企业如何满足员工的需要、期望，甚至他们的梦想。一个强有力的员工价值主张，就像鲜花吸引蜜蜂一样，吸引着优秀的人才。一个强有力的员工价值主张，激励人们日复一日地全力以赴，使人们对自己的工作和公司充满激情。

员工价值主张不是招聘手册中的华丽词语，也不是会议室墙上那些鼓舞人心的海报，也不是一堆福利，而是人们在公司里日复一日的真实体验。

员工价值主张与客户价值主张有点类似。一个世纪以来，市场营销人员一直在有意识地打造客户价值主张。例如在 18 世纪晚期，肥皂生产商还在兜售纯粹的肥皂条或肥皂粉，最好也不过是以包装上漂亮的盒子来吸引顾客的注意力。后来有人开始思考，顾客买肥皂时到底想要什么：是它的去污能力，它的味道，它的包装，它是否适合自己的皮肤，还是在使用肥皂时可以让他们感觉到为家人做了些什么？当然，还有价格！

生产商开始研究他们产品的哪些品质比竞争对手好，哪些比竞争对手差。他们对客户进行细分，以便搞清楚什么样的客户最容易被他们产品的价值主张所吸引。然后，他们认真地分析，什么会真正改变客户的购买行为。在此基础上，他们决定应该调整哪些产品的特点。简言之，他们开始战略性地思考他们的客户价值主张，并相应地调整产品和业务策略。现在这些已经是常见的商业智慧了，但在当时却是革命性的。

现在，企业为了赢得人才战争都在激烈地竞争着，他们开始运用同样的营销思维来吸引和保留员工。你的公司要打造强有力的员工价值主张，就必须回答这样一个问题："为什么优秀的人才选择到这里工作？"

在本章中我们将阐述，当经理们选择公司的时候，他们最想要什么，以及一些公司是如何出色地满足这些需求的。我们将说明，核心的员工价值主张是组织的重要组成部分，不容易改变。最后我们将阐述，有竞争力的员工价值主张由什么构成，如何利用营销技巧为企业打造这样的价值主张。

经理们在寻找什么？

当那些优秀的经理选择去哪家公司工作时，他们在寻找什么？我们问他们，在做决定时，哪些因素更重要。图 3-1 显示，一些因素被大部分经理列为关键因素，而另一些则没有。我们询问经理们，他们现在工作的公司满足这些因素到什么程度，图 3-1 中用黑体字表示的项目与调查得出的整体满意度有直接因果关系。在图 3-2 中，我们展示了员工价值主张的关键因素是如何强烈地影响经理们的满意度的。

在调查过程中，经理们告诉我们，他们要的是令人兴奋并能给人挑战的

第3章 打造有竞争力的员工价值主张

受访者决定加入某家公司时认为此项重要的比例（%）

令人兴奋的工作

√	**有趣的、富有挑战的工作**	59%
√	**我能感受到激情的工作**	45%
	有人听我说，我能影响决策	41%
	采取主动、拥有成功	40%
	对企业产生影响	35%
	自由与自主	31%
	参与选择战略方向	22%
	鼓励创新	22%

职业发展

√	**职业发展机会**	37%
√	**对我长期投入**	35%
√	**提高职业技能**	35%
√	**上级领导关注我**	30%
√	**绩效优异者得到晋升**	28%
	定期反馈	17%
	能得到导师的有益指导	16%
	持续的培训	14%

生活方式

	符合我个人和家庭的观念	51%
	坐落于吸引人的城市或地区	34%
	工作节奏合理	11%
	工作时间与地点有弹性	9%

优秀的公司

√	**公司管理有序**	48%
√	**与上级关系良好**	43%
√	**我喜欢其文化和价值观**	39%
√	**我信任上级**	38%
	不受官僚主义束缚	30%
√	**一个令我崇拜的老板**	26%
	令人兴奋的、有趣的行业	24%
	有发展前景的行业	22%
	产品有个性	21%
	公司业绩突出	21%
	员工业绩优异	19%
	公司声誉卓著	17%
	同事之间互相友爱	13%
	超过最基本的贡献	9%
	来自不同背景的员工	8%
	对社会有正面影响	6%

薪酬福利

	认可并奖励我的个人贡献	39%
	创造财富的机会	36%
	绩效高者薪酬高	31%
	年度现金补偿多	26%

黑体字＝与满意度有直接因果关系的构成要素。

图3-1 经理们在寻找什么？

资料来源：McKinsey and Company's War for Talent 2000 Survey, middle and senior managers.

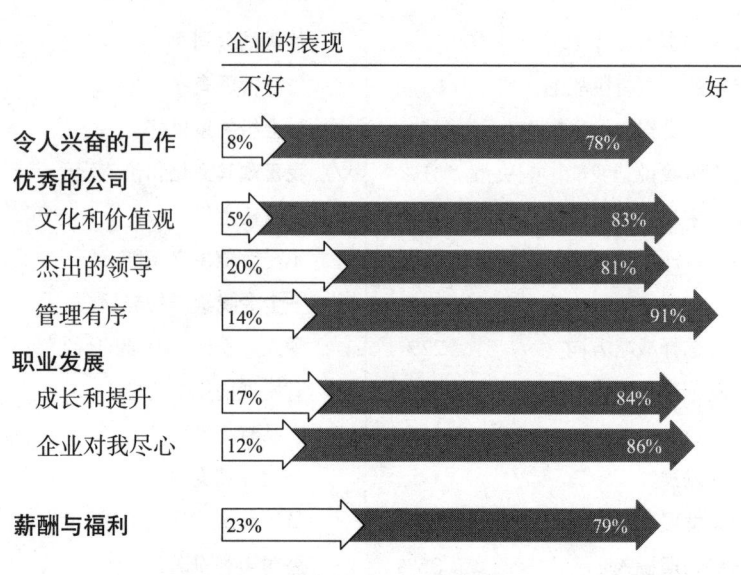

图 3-2 关键因素对满意度的影响

数据来源：McKinsey and Company's War for Talent 2000 Survey, middle and senior managers.

工作，还要在工作中感受到激情。他们想被公司的愿景所激励，启动新业务、发布新产品，他们需要能让自己得到伸展的大项目。

第二，调查显示，经理们希望为卓越的公司工作。他们要找的公司，应该有杰出的领袖和良好的管理，强调业绩导向的企业文化，以及开放、充满信任的工作氛围。

第三，我们知道人们都在寻找创造财富的机会，他们需要企业用薪酬表达对他们个人所做出的贡献的认可。钱很重要，但这并不只指钱的有形价值，还包括心理上的满足。

第四，经理们告诉我们，他们希望公司能够帮助他们发展自身技能，这一点在今天尤为重要，因为人们已经意识到，自己唯一的职业保障取决于他们用在职场中的技能和经验。

旧期望	新期望
预算充足且员工众多	新挑战和令人兴奋的业务
传统的管理层级	扁平、流动和有弹性的组织
着眼未来30年,薪酬优厚且退休金高	着眼未来5年,财富取决于价值创造
沿着职业阶梯稳步上升	从一个岗位跳到另一个岗位

最后,经理们想找一份符合他们个人和家庭观念的工作。

员工价值主张的构成因素是公司的重要组成部分

为了确立令人信服的员工价值主张,企业必须提供经理们想要的东西——令人兴奋的工作、卓越的公司、诱人的薪酬以及发展的机会。至于津贴多少、能不能穿休闲服装、有没有慷慨的健康计划,并不是判断员工价值主张强有力与否的关键因素。如果你想实质性地强化企业的员工价值主张,就要做好准备,修改那些最基本的东西,比如企业战略、组织架构、企业文化,甚至是领导者的素质。

令人兴奋并充满激情的工作

一个伟大的员工价值主张从具有挑战性并令人充满激情的、有趣的工作开始。对一些企业来说,这个任务很容易完成。如果你是维珍集团,你就拥有一个魅力非凡的首席执行官——理查德·布兰森,他能想象出所有令人激动的冒险——从维珍大西洋航空公司到维珍大卖场,从维珍移动到维珍直线(金融服务)。如果你是美国在线,你就站在了互联网的最前沿,时代华纳是你的新操场。激情和挑战已经深植于这些公司的业务和品牌之中。

安进这家公司的业务也是天生就令人兴奋。安进成立于1980年，当时生物技术革命正风起云涌。安进的两种新药成了重磅炸弹，为公司实现了30亿美元的销售额，安进则从一个初创企业一跃成为世界最大的生物技术公司。

然而，安进公司的员工价值主张诉求比这还要深入。安进的两个最重要的药品——红细胞生成素和白细胞生成素，帮助肾透析患者和癌症患者更好地控制治疗效果，因此，安进公司无声的座右铭"我们战胜死亡"有点让人毛骨悚然。

执行副总裁丹尼斯·芬顿回忆起这句座右铭诞生的那一天："我们正试图搞清楚，是什么吸引人们来到公司并留了下来，"他说，"我们想，可能是因为我们拥有排名前10的巨大市值，也可能是因为我们是肿瘤治疗领域的连锁领袖，或其他类似的东西。然后我说：'你们知道，这不是大多数人来安进的原因。吸引他们的是我们帮助人们活得更久——我们在战胜死亡。'"

对于安进的员工来说，这句话一矢中的，并使人们在安进工作很特别。"上周末，我正在一个医学会议上值守安进的展位，"科罗拉多州博尔德市手术项目总监凯瑟琳·巴克解释说，"有一个得了癌症的年轻男子，他正在使用白细胞生成素针剂。他带着孩子们走到展位，对我说：'在我家里，我们把它称为液体黄金。'"

安进、维珍和美国在线时代华纳的业务天生就令人兴奋并富有意义，但其他公司怎么办？那些明显不那么迷人、看起来很无趣也不令人兴奋的工作如何吸引员工呢？

答案是：你必须让你的业务和工作令人兴奋，创新速度要比其他任何公司都快，不断地启动新业务、发布新产品，鞭策自己和员工升级公司业务。

当你制定企业战略时，想想如何把企业调整到让优秀人才兴奋的方向上来。把企业的使命提升到让人充满激情的高度；优化组织结构，给员工提供更有延展性和更有趣味性的工作岗位；给员工更大的调整空间和上升空间、最大的自主权和责任；如果可能，设立自负盈亏的工作岗位、建立跨职能的团队，这样人们才能做好业务。

卓越的公司、卓越的文化、卓越的领导者

除了完成工作，经理们还期望成为卓越公司的一部分。他们应该喜欢公司的文化和价值观，把自己当作一家管理良好的公司的一部分，还希望有能启发他们的领导者。

不同的人喜欢不同类型的企业文化，然而，有两种企业文化的元素，所有的经理人都喜欢：明确的绩效导向和开放、信任的氛围。

图 3-3 显示了喜欢自己公司的企业文化的经理人比例。更多的经理人喜欢那些既有绩效导向（包括鼓舞人心的使命、远大的目标、对结果问责和严格的绩效体系）也有开放、信任氛围的企业文化。我们很容易认为这两个企业文化的特征互相排斥，但它们并不互相排斥，事实上，这两个特征密不可分。

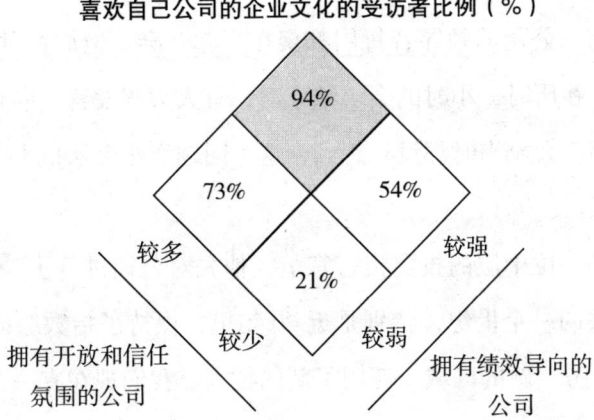

图 3-3 人们需要两个文化维度

资料来源：McKinsey and Company's War for Talent 2000 Survey, middle and senior managers.

除了卓越的企业文化，经理们还需要激励和挑战员工的领导者。他们希望自己的直接上级和公司首席执行官一样，都是好领导。杰出的领导力对X一代来说，比年长的管理人员更重要。在我们的调查中，X一代把"我与老板的良好关系"列为选择工作时需要考虑的第三个因素，前两个分别是"有趣的工作"和"符合个人与家庭观念"。在与老板的关系中，X一代期望拥有更多的自主权，以及教练式辅导。

杰出的领导力和优秀的企业文化可以作为有竞争力的员工价值主张的核心部分，正如西诺乌斯金融公司的发现一样。当1999年《财富》杂志的最佳雇主百强名单公布时，很多读者都被排名第一的公司惊呆了。这是一家名不见经传的公司。事实上，当这家公司的首席执行官得知这一消息时，他自己也吃了一惊。他知道公司在企业文化和领导力建设方面下了几年苦功夫，但他觉得还差得很远。

这家公司就是西诺乌斯金融公司，一家中等规模的金融服务公司，总部设在乔治亚州的哥伦比亚，亚特兰大以南90英里处。在登上《财富》杂志榜首的2年前，公司的领导者每周都聚在一起开会。他们在过去20年里一直飞速成长。在历时一小时的会议结束时，有人大胆发言，向企业高管们提出了一个问题。大家当时都没有想到，这个问题竟然会从根本上改变公司的员工价值主张。

这个人是一位中层的投资银行官员，他先对公司进行了一番夸奖："西诺乌斯在过去的一个世纪，特别是近20年里，保持了指数级的增长。我们开辟了新的业务、新的区域，使用了新的技术。我们现在有一个由10000名员工组成的多元化大家庭，且利润仍在增长。"他停下来清了清嗓子，然后问道，"但是，在所有这些成功光环的照耀下，我们是不是忽略了我们的员工？"房间里鸦雀无声。没有人忘记这个问题背后传递的情感，所有与会者

第3章 打造有竞争力的员工价值主张

一致同意：公司必须培养关怀精神，因为这是企业创立的根基。

此后，西诺乌斯就开始了强化企业文化的漫长而艰巨的工作。公司的首席执行官吉米·布兰查德说："我们都认同这样一个使命——让每个在这里工作的人都知道有人关心他们，让工作场合没有性骚扰、做假账、讳莫如深和游手好闲，摒弃玩世不恭的态度。"时间久了，他们开始把立志创建的这种文化称为"爱心文化"。

经过几轮全员调查和无数次艰难的谈话，布兰查德和他的团队整理出大家对未来领导者的期望。要想成为西诺乌斯的成功领导者，你必须：(1) 恪守以下价值观——在工作中、在家里、在社区都要体现出正直、有个性和讲原则；(2) 秉持这样的愿景——挺身而出，用自己的事迹激励人们追求卓越；(3) 帮助别人成功——让你的下属晋升到超出你预期的职位；(4) 管理业务——做到以上几点，同时取得卓越的绩效，给股东创造高额回报。

在西诺乌斯113年的历史中，公司领导第一次拿起笔描述企业文化。他们要以书面形式表示，要想在西诺乌斯取得成功，必须无条件地支持爱心文化，即要意识到管理者最重要的职责就是服务、培育并激励自己的员工，任何人都不得例外。

有了书面的愿景，西诺乌斯还要让它得以实现。他们先是期望——实际上是要求——每一位高级领导者和经理明确而积极地以强化这一价值观的方式行事，然后他们设计了一套体系来强化领导者的行为，并建立了论坛鼓励讨论、发现问题和找到解决方案。这套体系包括：一个聚焦文化的培训计划；一个文化信托委员会，它每月召开一次长达3—4个小时的会议，讨论爱心文化的问题；向所有员工开放的"对话首席执行官"的议政大会；还有"正道（Right Steps）"流程——一个分别评估领导力和个人表现的流程。

尽管爱心文化和把它付诸实施的计划听起来有点虚，但他们也有很实际的办法。这一价值观被明确地编写到绩效评估体系中，公司对排名前 200 的管理者进行评估：作为领导，他们是否鼓舞人心并有效管理？他们如何取得成就，如何照顾下属？200 名管理者中大约有 30 人因为不能恪守爱心文化而被公司辞退。

回顾过去 4 年以及他们 2001 年在《财富》杂志梦寐以求的排行榜上排名第 8 的经历时，布兰查德坦白道："除了我们制定的计划外，自 1996 年以来所有的会议上，我们都在讨论如何亲自培养每一个人。现在，我真的相信，拥有优秀的企业文化是培育一个盈利公司的基本条件。"

布兰查德有信心这样说，因为只用了 4 年时间，西诺乌斯的市值就从 22 亿美元增长到 80 亿美元。

薪酬与福利

很少有这样令人难以捉摸的问题：比如，金钱有什么意义？它有什么用？人的一生应该用多少时间来挣钱？《说谎者的扑克牌》和《将世界甩在身后》的作者迈克尔·刘易斯指出："一个错过了华尔街发财机会的人会对自己说：'好吧，我可能不富有，但至少我不是一个笨蛋。'而一个错过了互联网泡沫的人，连这样安慰自己的借口都没有。你要么是富翁，要么是傻瓜。人们不会因为挣了很多钱而感到罪恶。"

经济的下滑当然改变了这些想法，但是 20 世纪 90 年代的泡沫还留有印迹。过去，人们是根据他们的职位而得到报酬，当他们上升一个级别时，相应地，薪水也会更高。而今天，能干的经理期望得到很多钱，并且越快拿到越好。尽管持续时间不长，互联网淘金热还是在很多人心里留下了不可磨灭的印迹。

人才的价格确实在上涨。排名前 25 位的商学院的工商管理硕士毕业生的起薪在过去 4 年里已经上涨了 36%，达到了 12.7 万美元。首席执行官的平均薪酬则上涨了 10 倍，达到了 1240 万美元。在 20 世纪 90 年代的最后几年，许多咨询公司、投资银行和律师事务所把薪酬水平提高了 30%—50%。

我们并不认为管理层的高额薪酬会消失。是的，牛市和网络泡沫的狂热加剧了薪酬上涨，但促使薪酬上涨的主要原因是人才价值的提高、优秀经理期望值的提高，以及经理们越来越意识到他们的贡献直接影响着企业的业绩。

因为这些以及其他原因，薪酬对吸引和留住经理至关重要。但重要的不只是薪酬的数量。据我们调查，更多的经理认为，对卓越的个人绩效的奖励和认可，比他们得到的现金和财富更重要。（见图 3-1）

我们询问受访者，他们是否会在不久的将来离开企业，为什么会离开。"奖励和认可不够"是 4 个最重要的原因之一。公司有很多认可经理贡献的方法，但是钱是很重要的一个。很多经理把钱看成企业衡量他们业绩和能力的记分卡。

然而，要建立一个有竞争力的员工价值主张，只有钱是不够的。如果你不能用市场价格争取最优秀的管理人才，你很难确立有竞争力的员工价值主张。就像爱德·劳勒在《奖励卓越》中所说，"很少有人选择开价最低的工作"。有一些企业会将支付高薪作为人才价值主张的一部分，并比竞争对手支付更高的工资。一些企业支付有竞争力的薪酬，但并不比市场水平高。不过，不要让薪酬水平下滑太多，因为这将成为你公司的员工价值主张的一个重大障碍。

企业也将不得不改变他们的薪酬体系，这样他们就可以向最佳业绩者支付比平均业绩者多得多的薪水。传统的薪酬体系的设计原理是同工同酬，新的薪酬体系应根据人们创造的价值支付薪酬，这样企业就可以给业绩最优秀

旧薪酬哲学	新薪酬哲学
为职位支付薪酬	为人支付薪酬，为业绩支付薪酬
职责范围和职位高低决定薪酬	价值创造决定薪酬
支付的薪酬与公司内其他人一样（内部公平）	支付给员工和别的地方一样的薪酬（市场公平）
设定标准，在标准下找人	打破薪酬规则，招聘合适的人

的人支付他们在市场上可以拿到的薪酬，而不必为此提升所有人的薪酬水平。这种因人付费的方法对大多数企业来说严重违背了常规，当企业采用这种新的薪酬哲学时，肯定会出现一些摩擦。然而，这种薪酬哲学最终会使那些企业更容易吸引和留住优秀的人才。

成长与发展

在市场变幻莫测的今天，人们已经懂得，职业安全不在于企业的安乐窝，而在于个人的能力。因为这个原因，人才都被吸引到有助于提高能力、增加知识和丰富经历的企业中。

X一代尤其重视个人发展。在20世纪80年代，他们看到的都是父母失业，他们知道家长式的企业再也没有了。此外，他们还如饥似渴地学习，并在快速地自学电子游戏、电脑和互联网的过程中长大。他们在学校里学的是如何解决问题，而不是死记硬背。

在工作中，X一代喜欢学习新事物，他们渴望经常得到反馈和导师指引。比尔·罗杰斯在太阳信托银行的员工中发现了这样的特点："现在的年轻经理们，在周一希望得到一周的清晰目标，周三的时候则希望得到一些反馈，周五的时候希望得到对一周表现的评估。如果得不到他们渴望的职业发展和知识增长，他们就会去别的公司。"

第3章 打造有竞争力的员工价值主张

艾睿电子是世界上最大的电子元器件和电脑产品分销商，它把员工的发展作为其员工价值主张的核心部分。在过去的30年，艾睿电子年增长率达到30%。1990年至2000年，这家位于纽约梅尔维尔的公司营业收入从不到10亿美元增长到130亿美元。建设这样一家非凡的公司需要大量的优秀人才。

乍一看，艾睿并不像一个能吸引最优秀人才的企业，公司做的是乏味的电子元器件分销业务，它什么也不生产，也没有激动人心的实验室。艾睿也不像英特尔、摩托罗拉或德州仪器有响当当的品牌，尽管它经销它们的产品。

但不管怎么说，艾睿还是聚集了12000多名能干的员工，其中有一些来自世界名校，还有一些拥有工商管理硕士学位。它是怎么做到的呢？首先，艾睿通过提高分销行业的效率和专业度，使公司成为全球整合者，这使其业务更具有吸引力。其次，他们创建了温暖的关爱文化，强调认可和鼓励员工的贡献。而最重要的也许是，艾睿是让员工茁壮成长的温室。

艾睿娴熟地运用了所有的人才开发工具。公司的领导们有目的地、周到地让员工们在轮岗中成长，他们让所有员工在公司工作的第一个和第二个7年后，享受一个为期10周的假期，然后把开发潜力巨大的员工，派去接替这些度假员工的工作，同时制定周密的计划保证他们可以在这段时间学到最多的经验。

艾睿还不遗余力地让公司的每一位员工都得到高质量的教练式辅导、反馈和导师指导。有一个关于如何给员工做绩效评估的培训计划，艾睿不仅要求所有经理必须参加，还要求他们在做出合格的绩效评估之前，不得过关。对经理培训能力的评估是通过360度反馈的方法持续进行的。除了这些内容，还有一个世界级的正式的导师计划（详见本书第5章）。为了克服所在行业的乏味感，艾睿运用人才开发及其他方法，打造了一个有竞争力的员工价值主张。

符合个人和家庭的观念

我们对生活方式调查的数据显示,该问题比较复杂。在影响职业选择的决策因素中,经理们把符合个人和家庭观念排在第二位。然而,这一点与经理的满意度却没有直接因果关系。

对这种表面上的矛盾,我们的解释是:人们已经接受了工作所要求的生活方式。有趣的是,越是具体的因素得分越低,比如地点、工作节奏及工作弹性。在调查中,经理们要的好像不是工作时间短一些、节奏慢一些——毕竟他们选择了这些费力的、让人肾上腺素飙升的工作。我们认为,他们说的是符合家庭观念对他们很重要,但他们也需要权衡。

我们相信,当经理们面临职业选择时,工作与生活的平衡会成为越来越重要的因素。正如罗伯特·赖克在《成功的未来》中所说,我们职业生涯的压力越来越大。今天商业的快节奏和 7 天 24 小时不间断的通信性质,使得经理们很难从工作中抽身。对女性、X 一代和上了年纪的员工来说,生活方式问题将更加重要,而这些人在管理人员中占很大一部分。

人性的一面

在有关员工价值主张的讨论中,如果我们不提社区的需要和同事们的纯粹快乐,我们就失职了。毕竟,管理的本质就是投身于复杂而不可思议的人流中。对很多人来说,工作中最愉快的部分就是与他一起工作的人。同事会让你烦恼、让你愤怒,甚至让你失望,但是,如果你幸运的话,他们则会关心你、激励你、启发你。每个人在工作中都可以向上级学习,向下级学习,也可以向平级的人学习,这往往就是我们每天上班的原因。

公司应该意识到,他们能提供的最有价值的东西之一,是其他优秀的同事或工友带来的快乐——教学相长、与他们分享、和他们在一起。这就像伟大的南非剧作家阿索尔·富加德所说:"世界上唯一重要的事,是一个人对另一个人的所作所为。"

有竞争力的员工价值主张可以击败对手

一个公司的员工价值主张(以下简称 EVP)就是一个混合体,它包含很多东西,这些东西实际上是组成公司的所有元素。每个公司的 EVP 都不一样,就像指纹一样。尽管有的企业想尽办法要打造一个有竞争力的 EVP,但却少有成功。有竞争力的 EVP 将拥有强大的力量,当然也会有少许弱点。

一个有竞争力的 EVP 必须迎合公司想要吸引的人才。双击公司的 EVP 迎合充满活力、喜爱互联网的 X 一代,安然的 EVP 迎合喜欢冒险、善于分析、有胆识的交易员,安进的 EVP 迎合喜爱科学、愿意提高人们生活质量的人。EVP 不能面面俱到,比如,喜欢安然的 EVP 的人,可能就会不喜欢安进公司的 EVP,反过来也一样。

一个公司的有竞争力的 EVP,还必须比公司目标人选可能考虑的其他公司的 EVP 要好。你知道同你争夺人才的竞争对手是谁吗?你公司的 EVP 比他们的好吗?如果你的公司是一家纸业公司,正在寻找一些非常优秀的、有经营造纸厂经验的经理,你能拿出比其他纸业公司更好的东西吗?如果你的公司是一家资本与贸易公司,你能提出一个比投资银行更好的 EVP 吗?如果你的公司是一家创业公司,你知道竞争对手是谁吗?什么样的 EVP 能把人才从他们那里吸引到你的公司?

这些正是第 3 级通讯公司在几年前所面临的挑战。在 20 世纪 90 年代末,首席执行官詹姆斯·Q. 克罗创建了第 3 级通讯公司,他立志建立一个使用 IP 技术、可以持续升级的光纤网络。克罗认为第 3 级通讯公司的技术超越了时断时续的视频会议:"我们要通过人类所有的感官,复制'在一个房间里交流'的全部体验。这具有革命性的意义。当你可以清楚地'看见'一些人时,你怎么能明知他们忍饥挨饿却置之不理?当你非常了解邻居时,你怎么能向他开战?"

1997年,为了实现这个新愿望,克罗筹集了25亿美元。但是克罗和他的管理团队知道,要实现这个技术愿景,就必须吸引大量的人才——拥有信息技术和工程专业背景、熟知通信行业的冒险家——来和他们一起工作。他们知道,还有几十家活力四射的高科技创业公司,在和第3级通讯公司争夺同样的人才。

当我们询问集团人力资源副总裁琳达·亚当斯,鼓舞人心的使命对她来说意味着什么时,她用自己的故事作为回答。"去年夏天,我带二儿子亚力克斯参观英国科学与技术博物馆。在通信展览会上,我们研究了从电报到光纤网络的创新历程。当我们在展会上闲逛时,我注意到墙上悬挂着通信领域预言家的照片,于是我对亚力克斯说:'看到那儿了吗?将来有一天,吉姆·克罗和第3级通讯公司的故事会挂在那儿。'"亚当斯补充说,"我自己的照片不会挂在那儿,但我知道,我曾经参与了彻底改变人类通信方式的事业。"

尽管第3级通讯公司的很多领导都给人留下了深刻的印象,但克罗独特的领导风格却一直吸引着人才。集团全球战略副总裁唐·吉卜斯评价说:"我从来没见过比克罗更聪明的人,他是一个不可思议的广博思想家,可以理解非常深刻的问题,也可以用人们容易理解的语言解释复杂的问题。他是一个令人难以置信的体面人。"

第3级通讯公司的领导层还知道,合适的薪酬体系很重要。他们设计的薪酬体系既有初创企业提供的创富机会,也兼顾了成熟企业的财务稳定。这吸引了大量的冒险家,并强化了绩效导向的企业文化。第3级通讯公司的工资水平属于中等偏下，但股票期权计划则是高风险、高收益。

根据股票期权计划，所有员工每个季度都按当时的股价被授予相应的期权，这便给员工创造了成为富豪的机会。当然，也只有当第3级通讯公司的股价跑赢标准普尔500指数时，其股票期权才有价值。如果第3级通讯公司跑赢了标准普尔500指数，期权的价值就会翻几番。如果公司没能跑赢标准普尔500指数，期权则一文不值。

最后，领导者们决定将工作地点变成一个独特的竞争优势，他们聘请了咨询公司来调查新毕业的大学生和有经验的工程师，美国的哪个地方对他们来说最具吸引力。基于这项调查，克罗和他的领导团队将公司总部设在了科罗拉多州的布鲁姆菲尔德，博尔德以东。他们之所以选择那里，是因为那里的生活质量高、房价支付得起而且靠近旅游资源——落基山脉。

尽管许多高科技公司的未来是否成功并不确定，但是我们不能否认第3级通讯公司确立的EVP的强大力量。回想起公司的EVP，亚当斯兴奋地说："如果让我写下来这里工作的原因，那就是我做梦也想不到会这么好。"

持续改进员工价值主张

如果人才竞争对手强化了他们的EVP，或者有新的人才竞争对手出现，即使像第3级通讯公司这样有影响力的EVP也会失去光芒。EVP不是一成不变的，企业必须持续改进EVP，以保持领先对手一步。就像食品生产商改变产品的口味、尺寸和包装来迎合消费者需求的变化一样，企业也必须调整他们的EVP，以应对市场的威胁。

有时候，对EVP的强化可以慢慢进行，有时候却必须快速进行。我们来看一下太阳信托银行副总裁米米·布里登实施的戏剧性转变，她当时负责太阳信托银行在佐治亚州的67家大众超级市场公司。

1998年初,第一家实体店开业已有2年,布里登负责的部门面临着重大的人员流失危机,流失率居高不下,她和团队尝试了很多办法,效果都不持久:每年有46%的门店人员离职,高绩效者的离职率则高达55%。布里登提高了薪酬,但毫无效果。她再一次涨薪,也只管用了一阵子。因此,她决定深入研究,到底是什么原因导致如此高的流失率。她走遍了所有门店,与一线员工和门店经理交谈,进行小组访谈并展开调查。

员工们抱怨最多的是在周日工作,大家也不喜欢每周的工作日程经常突然地改变(主要是为了填补离职人员的空缺)。为了解决这些问题,布里登研究了周日用户来店的频次,下决心在周日关闭所有门店。她又率领经理们重新设计了一个稳定的工作计划系统。

除此之外,布里登和她的经理们还采取了其他措施。第一,他们鼓励员工给所有上级做360度评价。第二,他们为每位同事设计了职业发展计划,每半年评估和升级一次。为了让员工有更清晰的职业发展路径和更多的职业发展机会,他们向员工公布"机会提醒",让他们知道银行其他地方的空缺岗位。第三,他们为现场销售代表、助理经理和经理制定了认证培训计划。第四,他们格外关照绩效最好的员工。布里登和她的高级经理必须定期与这些员工面谈,倾听他们的诉求。第五,为了取得卓著的业绩,他们积极调整薪酬政策,比如每半年涨一次工资,而不是一年。有时候,他们还当场兑现奖金。

这些措施切中了要害。18个月以后,门店员工的流失率下降到27%,门店经理的流失率下降到12%,A级员工的流失率则不足10%。"每一个措施单独说来都没什么了不起,"布里登说,"但有所突破的是,我们及早并经常性地采取了所有这些措施。我对这些年轻的经理做了很多研究,发现他们不仅需要工作充满挑战,还需要大量的反馈和'接触'。"

布里登在她的书柜上摆放了一块扁平的手掌形石头，提醒自己记住她所学到的员工保留经验。"我把石头摆在这儿，因为它能让我想起读过的一个关于如何给事情排序的故事。"她解释说，"这故事讲的是，除非你先把注意力集中到'大石头'上，否则你将永远没有空间留给它们，因为碎石和沙子会将它们淹没。我用这块石头提醒自己，必须把时间和精力投放到保留和激励优秀员工上。如果我们能明智地使用时间——把大石头放在最前面——那么公司出色的业绩就会随之而来。"

此外布里登也领悟到，与个人接触对保留有价值的员工来说是多么重要。她说："我会给埃里克手写一张便条，感谢他的出色表现；给香农发一封邮件，称赞她优秀的教练技能；临时决定与劳伦共进晚餐……令人吃惊的是，我从来没有想过自己是一个典型的'擅长交际之人'。从本质上讲，我更应该是一个分析师。但是我的360度评价表明，与员工接触得越多，收到的效果就越好。现在想来，不管是与员工现场交流，还是看着他们在工作中发挥出最好水平，或者是得到银行的重视，我确实从中获得了能量。事实上，这一切都值得。"

把它当作一种产品或市场策略来考虑

不管你是在创建一家新公司，还是面临员工流失危机，或是要加强已有影响力的EVP，要像对待客户价值主张一样认真地对待EVP，而且要调整用于制定产品策略或市场策略的检测技术：

- 评估现行的EVP是否强有力。测量高绩效人员、新员工和其他核心人群的流失率，分析入职邀请书的接受率和招聘质量。

- 理解你目标市场的需求。通过调查和小组讨论，了解现在、未来和过去员工认为最重要的 EVP 元素是什么，是什么使他们做出"加盟"和"跳槽"的决定。找到最容易被你公司的 EVP 吸引的人群。
- 了解你公司的 EVP 是如何与对手竞争的。你的人才竞争对手是谁？与你公司相比，他们的 EVP 有哪些优势与劣势？
- 找出你公司 EVP 的优势与劣势，并列出优势与劣势的具体元素。
- 哪些元素是你们下决心要改善的？讨论一下所有的可能加强 EVP 的方法，然后决定公司要采取什么措施。除非你和其他领导接受并努力推动这种改变，否则，改善 EVP 需要做的那些事根本无法实现。

就像产品得益于清晰的品牌诉求一样，EVP 也是如此。沃尔沃的产品以安全著称于世，而沃尔沃的品牌传达的含义就是"安全可靠的家庭用车"。同样，通用电气公司 EVP 的精髓可以描述为"成为世界级运营的一分子，成为世界级的总经理"。

雇主品牌就是你的 EVP 想要传达给目标候选人的信息。这个信息必须简短，所以必须强调 EVP 中最扣人心弦的方面。正确表达雇主品牌的含义可以帮助你吸引需要的人才。比如，仁科公司就在《财富》杂志的一个屡获殊荣的黑白广告活动中为其招聘品牌做广告。每个广告都有一个员工特写，描写其独特爱好、之前的工作或者工作之外的成就（比如一个奥运会游泳金牌得主或曾是饲养鸡和羊的农场主）。这个品牌传达的信息是：如果你加入我们，你就会与地球上最令人兴奋、最有趣、最有才华的人一起工作。

实现员工梦想

如今，有才华的员工虽然要求很多，但他们给企业创造的价值却很大。

第 3 章 打造有竞争力的员工价值主张

企业想要吸引并保留优秀人才，必须有一个能满足人们期望并超过其他公司的员工价值主张。

彻底重塑员工价值主张，需要重新思考经营事业的方式、发展员工的方式、构架组织的方式以及衡量绩效的方式。你可能还需要重新思考企业的核心文化。这些改变可能会触及企业固守的核心传统。

这会很痛苦并且无疑会遭到抵制，但不要让这些阻止你——因为回报是巨大的。吸引和保留优秀的员工、找出员工中最优秀的人，将会助推你的事业。

放心，即使平凡的组织，也可以给员工提供非凡的东西。他们可以给员工非常令人满意的事业，以实现他们的抱负。

第 4 章
重塑招聘策略

1914年，当亨利·福特在密歇根的海兰公园决定把装配厂工人的工资加倍，从每天2.5美元提高到5美元时，该消息成了底特律乃至全国的头条新闻。尽管根本没有必要，但全城都知道，汽车制造商的后起之秀——福特公司，要用这个工资水平招募工人了。

一夜之间，成千上万的人在工厂门口排起了长队。天一亮，他们就拿着帽子涌进了招聘部。桌子后面是招聘代理人组成的强大阵容，他们面试工人并给他们签发证书。幸运的人被选中了，没被选中的只好去别的地方找工作。

几代人过去了，大多数企业的招聘工作一直都是这样进行。招聘部门发出招聘消息，对工作如饥似渴的人就会蜂拥而至。公司有权决定要谁不要谁，而员工则没有什么话语权。

今天，游戏规则已经完全不同了。天平向人才一方倾斜，而且几年前已达到了临界点。当时，经济扩张吸引了所有的人才。自工业革命以来，企业第一次发现门口没有人排队。他们马上想到的就是发布招聘广告，但却没有收到从前如潮水般的简历。

使企业的情况更糟糕的是，当这一切发生时，他们需要的不只是比以前更多的人，而且是更多有才华的人。

企业马上采取了一系列大胆的招聘策略：给推荐最多新员工的员工发放招聘赏金或奖励热带假期，从网上获取其他公司的雇员名单，等等。但是，招聘的种种招数——无论多管用——都不足以赢得人才战争的胜利。要想在招聘的战场上取得真正的胜利，你必须做得更多。你必须重塑招聘策略的每一个方面！在本章中我们将向你展示如何做到这一点。这包括从各个层级招揽人才、全天候地招聘人才、开发各种各样的人才库、发现消极的求职者，等等。

20世纪90年代末的人才市场盛况空前，这唤醒了很多企业，他们开始意识到重塑招聘策略的必要性，并开始采取许多创新的招聘方法。偶尔经济趋缓，招聘看起来就不像之前那么危机重重了。但聪明的企业会利用人才战争中的每一次间歇来加强其人才储备，并抓住机会扩大其在人才市场中的占有率。尽管你希望在经济趋冷时期缩小人员招聘规模，但不要停止招聘优秀人才——等经济热起来，这些人就更难招聘到了。我们建议的招聘策略，在任何经济环境下都适用，并且在未来二三十年仍需采用，这样才能跟上人才竞争的步伐。

旧招聘策略	新招聘策略
自己培养所有人才	为各个层级招揽人才
有空缺时才招聘	全天候猎取人才
去一些传统的地方招人	开发各种各样的人才库
瞄准积极求职者，打广告	找到办法，接触被动求职者
制定并遵守具体的薪酬方案	打破薪酬制度，招到想要的人
招聘就是筛选	招聘是筛选，但更是销售
招聘需要的人，没有整体计划	为各类人才确立招聘策略

为各个层级招揽人才

几代人以来，职场升迁是人们在企业里流动的主流方式。人们进来时都在底层，如果足够成功，就可以爬到顶层。公司与员工之间的契约是，要在公司服务 15 年或 20 年才能升到最高职位。在这种体系下，很难从外面招到一位经验丰富的经理，然后让他领导在公司工作了 20 年的老员工。10 年前，这将引起轩然大波，而且这意味着向外界承认，公司的员工发展体系崩溃了。

然而在最近几年，这种守旧的范式已经被打破了。20 世纪 90 年代早期，当企业意识到自己没有足够的管理人才来应对所面临的机会与挑战时，这种突破就开始了。当他们发现大量的经理开始流失到初创的新经济企业和其他公司时，这种体系就更支离破碎了。由于内部调整根本无法填补这些空缺，企业开始"打劫"竞争对手的人才。在 20 世纪 90 年代末，这种自从工业革命开始时就一直存在的文化传统——只从内部提拔员工——逐渐消失了。

招聘高管有优势

由于上述这些原因，一些公司逐渐认识到招聘较高层级人才的优势。定期招聘新人，是不断校正公司人才标准的好方法，甚至可以提高其标准。当然，新人也会给公司带来新态度、新观点和新想法。

因为想给自己的员工更多发展和升职的机会，有些公司不愿意从外部招聘人。我们很容易认为，外部招聘与内部发展是互相矛盾的，实际上却不是这样。从外部招人填补 10%—25% 的空缺，会减少内部员工得到提拔的机会，但并不严重。实际上，从外部招进一流的人才担任中高级职务，会给更多的初级员工树立榜样。

比如，通用电气公司被看作最杰出的内部管理人才开发者之一，它一直以从公司内部提拔干部为主，但它仍然从外部招聘人来担任中高级职位。通用电气公司承认这些从外部招聘的人（尤其是高层管理者）带来了一些风险，但是它认为，这种风险可以扩展公司的基因库。事实上，对于每年500个最高职位中的75个空缺，通用电气公司外部的人员填补了大约20%。

一些管理人员担心，外来人员会破坏企业的文化。一下子招进大量的外部人员，可能会改变公司的企业文化，虽然有时候这也是好事。但是我们认为，只用外部人员填补20%非首席执行官级别的空缺，并不会真正改变公司的企业文化，那只不过会带来一点新鲜的空气而已，还有一些专业知识，而这恰恰是公司所需要的。

家得宝就是一个很好的例子，它一反多年严格从内部提拔干部的传统，开始从外部招聘了。家得宝1979年在亚特兰大开了第一家店，10年后，家得宝在全国拥有145家门店，企业初创时招进来的那批经理已经升至公司的最高管理层。这兑现了创始人伯尼·马克斯和亚瑟·布兰克当初的承诺：加入我们，在店里好好干，只要能力允许，我们就会一直提拔你。

然而到了1996年，布兰克意识到，这些10万平方英尺的橙色盒子已经布满美国，且只能摆这么多了。他和他的最高管理层采取了一个新的增长策略，即启动5项重大措施：国际化、便利店、家庭设计中心、互联网/直销、更加重视专业分包商。面临如此重大的策略转变，布兰克发誓要招聘"世界上最优秀的人"来领导这些新行动——哪怕这个人不得不从外部招聘。

他意识到，这些外来者会被看作闯入者，因为他们没有尽过义务，没有像其他人那样穿着家得宝的橙色围裙，成年累月地站在走廊里。然而，布兰克明白，现有的经理可以确保家得宝原有的传统业务的增长，每年新开200个左右的新店，但只有具备新技能的经理才能做好新业务。

在1997年和1998年，布兰克满世界寻找他想要的顶级人才。他聘请了瑞典家具连锁巨头宜家的首席运营官来掌管国际业务，梅西百货的第三号人物来掌管包括家庭设计中心 Expo 的多元业务部，加利福尼亚一个成功的五金便利店连锁公司奥查德五金商店的首席运营官来掌管便利店事业部，来自迪士尼的一个高管负责互联网和直销业务，通用电气公司某部门的首席财务官出任他们的新首席财务官。他当时说"世界上最优秀的人"可不是开玩笑的。

在 2 年内，新到任的 5 位高级官员中有 1 位离开了，但是其他 4 位都留下了，从此家得宝改变了招聘策略。事实上，在 2000 年下半年，公司又聘请了通用电气公司的高管鲍勃·纳德利，纳德利曾执掌通用电气公司的机车与涡轮事业部，是接任首席执行官韦尔奇之位的 2 名候选人之一，但没有获选。尽管纳德利几乎没有零售经验，但他却是出了名的与供应商谈判的高手，而且也很勤奋，这些都是家得宝文化中的必备元素。布兰克把位子让了出来，先是与伯尼·马克斯一起出任公司的联席董事长，随后便准备退休，这样纳德利就可以出任首席执行官了。布兰克说："当我们意识到，有这么好的机会把商界的超级明星吸收到家得宝时，我们的动作就很快了。"

与此相似，我们在第 2 章中谈到过，当太阳信托银行在 1996 年决定招聘 600 名新客户关系经理来促进业务增长时，他们打破了从内部招聘的传统政策。对传统上只招聘初级员工的企业文化——他们招聘聪明的大学毕业生，然后用 3—7 年的时间把他们培养成中层经理——来说，这种改变是一种巨大的冲击。然而，太阳信托银行得出结论，如果不能补充更多、更好的经理，就不能实现他们的目标——两位数的增长率。

时任亚特兰大分支银行对公业务部执行副总裁的比尔·罗杰斯，是这场变革的先锋之一。开始时他力图搞清楚，公司在职的员工中哪些可以作为新员工的榜样。"我问自己：'我们最好的销售员是谁？'"为了回答这个问题，他和他的高级管理团队根据客户管理人员的业绩表现，把他们分成5个等级。然后，在一个工业心理学家的帮助下，对最高等级人员的数字能力、销售特点、经验和领导风格进行了评估。罗杰斯解释说："这种形象成为我们判断新候选人的标尺，而这个标尺给了我们必要的信心。"

有了画像作为武器，罗杰斯和他的团队开始在银行外部寻找他们需要的候选人——有5—10年经验的客户关系经理。他鼓励推荐候选人，甚至询问银行的客户："与你联系的银行里，谁是我们最强大的竞争对手？"针对一些非常具体和专业的招聘需求，他们启用了猎头公司。一旦发现候选人，罗杰斯就邀请他们来面谈，最后由一位工业心理学家来执行一项测试，评估每一位候选人的数字、语言和销售能力。候选人要接受相似的评估，以确定他们是否符合太阳信托银行的企业文化。"我们问一些尖锐的问题，"罗杰斯回忆道，"从工作伦理、人际关系能力和价值观的角度来认真判断，哪些人更容易融入公司并取得成功。我们要找到他们。"在接下来的18个月里，罗杰斯和他的5名资深管理者把他们一半的时间都用来招募、筛选、培训和同化这些新员工。

他们的坚持得到了回报。不到2年，罗杰斯部门的销售队伍就扩大了一倍，从40人增加到80人。因为新员工的经验比原有销售人员的平均经验还要多，所以他们的加盟使得整个销售队伍的经验值提升了。没过多久，罗杰斯的对公业务部门的赢利能力就大大提升了，新客户的数量翻了倍，连原来最好的客户管理人员的销售业绩也显著提高了。"我们招进来担任重要职务的最优秀员工，"罗杰斯津津乐道，"几乎100%都留了下来。排名前20%的客户管理人员中一半以上是新招进来的。事实上，5个最好的客户关系经理，有3个2年前都不在公司。"

在太阳信托银行的24个支行里，经理们都有类似的成功经历。第一年，太阳信托招聘了 600 名新的客户关系经理,把整体的销售队伍扩充了 20%,这使得他们在 1996—1999 年的业绩增长率提高了一倍多。

减轻招聘中高层人员的风险

从外部招聘员工确实有风险,空降高层人员的失败率通常是 30% 左右。然而,这不应该阻止你使用这种有影响力的人才管理工具。考虑一下它的好处吧,有 70% 的新进人员成功了,这比彻底放弃要好得多。我们建议你做得更好,而不是放弃从外面招人。学习学习如何减少失败率吧。

你可能会说知易行难,不过,要提高聘用外来员工的成功率,确实有很多具体的步骤。首先,要筛选文化的契合度,以减少组织的抗体排斥。研究表明,文化契合度低是新员工流失率高的主要原因。文化契合度并不是说招来的人都应该来自本行业——毕竟,从外部招人的一个主要好处就是能带来新的观点——但他们的领导风格和价值观确实要与公司的文化兼容。在招聘过程中,要坚持详细地评估和讨论文化契合度。即便如此,评估文化契合度也并不容易,你可以像罗杰斯那样请一位工业心理学家帮忙。

其次,为每一位新来的高级管理者安排一个精心设计的融入计划。计划应该包括一些公司的官方信息,比如运营计划、战略规划和组织架构等;也应该包括一些非官方信息,比如如何做出决策、如何争取人们对行动的支持等。尽快就绩效预期和完成时限达成一致也是该计划的一部分。最后——这一步骤最容易被忽略——应该帮助新来的管理者建立其内部网络,并理解公司的文化特质。

利明特公司建立了专门的流程,帮助新招聘的高级管理人员快速融入。1997 年,首席执行官莱斯利启动了一项大胆的招聘计划,即从零售行业外部招聘一批超级明星。这些新来的管理者人数占了利明特新管理层的一半。他还请来了一些高级官员担任职能部门——营销、人力资源、财务和规划——的负责人。而这项大胆的招聘计划才刚刚开始。

一开始，新来的人直接走马上任，几乎没人帮助他们适应公司的文化。"就像把一个人沉入深潭，而且身上还绑着一块50磅的石头。"利明特的首席运营官以及负责组织、领导力和人力资源的执行副总裁莱恩·施莱辛格说。不用说，招来的人中有很大一部分不能融入公司，最后不得不离开。莱斯利被失败震惊了，他开始质疑这个大胆的招聘计划。

然而，利明特公司不但没有放弃招聘计划，还启动了一个雄心勃勃的融入计划，以便使招聘计划奏效。新招聘的高级管理人员进入公司后的头两个月，需要参加"登陆"计划。在这段时间里，他们与公司最高层的30名领导见面，倾听他们关于战略、业绩和挑战的想法，然后，跟随其他业务单元同岗位的人学习。他们会阅读一摞有关公司的重要的演讲稿、报告和文章，以了解公司的历史。他们还会拿到一本零售数学入门和一本公司缩略语与流行语手册。

接下来，他们会在门店、分销中心和设计室逗留7天。之后，他们需要提交一份报告，说明学到了什么以及对这些地方有什么改进的措施。当这些新员工开始工作时，他们已经与公司、业务单元、职能部门和社区建立了联系。利明特公司的"登陆"计划是一个很好的例子，它使外来人员得到所需的帮助，顺利、成功地完成过渡。

招募初级员工，给企业输送新生力量

吸引中高级人才很重要，招募初级人才同样重要。为企业引进有实力的年轻人才，可以给未来注入新生力量，也便于企业早早地给年轻人灌输组织的文化、价值观和技能。当然，大多数企业都会招聘初级员工，只是他们做得不够好。

可以肯定,不是每个公司每年都能安置大量新的初级员工的。但是,大多数公司可以招聘比现在更多的具有领导才能的初级员工。如果你的公司每年不能招聘一定数量的年轻人才,你就放弃了一个很重要的人才储备方法。

全天候猎取人才

过去,公司招聘员工来填补空缺。当职位出现空缺时,招聘经理就撰写招聘需求,说明候选人应聘此岗位应该具备的条件,然后就去寻找。"我今天正好需要一个篮球运动员,迈克尔·乔丹是不是正好辞职了?"旧金山大学人力资源项目主任约翰·沙利文教授这样描述传统的招聘方法。正如他所指出的,用这种方法招聘一位超级明星显然不管用。

这种以职位为中心的招聘方法,在人才市场竞争不激烈的时候很管用。但是,在管理人才紧缺的市场上,企业必须采取新的策略。公司需要持续地猎取人才,这样才能在他们想换工作时捕获他们。

机会性招聘似乎有点怪,但我们有3种方法让它奏效。第一,找到某个候选人符合的一类职位,然后不断地讨好这个候选人,直到有一天,这类职位出现空缺。第二,脑子里有一个具体职位时就招聘人,哪怕现在职位还没有空出来。当候选人等待这个职位时,他们可以做一些特别的项目或对组织做些了解。

第三,为招聘的中高层管理人员创造或定制一些合适的职位。战略规划、业务发展、审计等职位和工厂经理助理,就是为有经验的人刚进入公司时定制的专属岗位。不要让新员工在这些岗位上干太长时间(通常6—18个月），这样可以把岗位空出来给新来的人。

珀金埃尔默公司将机会性招聘作为其招聘策略的一部分。事实上，公司雇用了猎头公司，持续地寻访可以成为总经理的有经验人士。在珀金埃尔默的案例中，外来人员刚进入公司时的岗位都在业务发展部门。在那里，他们有12—18个月的时间，参与特别的项目、学习业务，同时等待合适的位置出现空缺。这个计划使得珀金埃尔默能够招聘那些没有行业经验的人。到目前为止，该计划每年为公司招聘4个人。首批的4位已经在16个月内"毕业"，并且非常成功。

曾经是核潜艇工程师的约翰·丹纳，就是一个很好的例子。他从海军退役后，进入了咨询业，这时，珀金埃尔默公司找到了他，他们发现他并不是很开心。远远地向丹纳示好了几个月后，珀金埃尔默公司请他与首席执行官格雷格·萨米见面。几天之后，萨米给了丹纳一封入职邀请函。

但是这事并不容易。丹纳唠叨了2个月后，才确定自己在公司的第一个职位的工作很快就会结束，然后将有一个更好的机会。"他们向我保证，我可以像一个业务开发人员那样为自己创造机会，我的第二个职位是有股权的。"丹纳解释说。确实，在进入公司15个月后，丹纳成为一家价值8000万美元的生物技术公司的总经理，而这家公司正是他帮助珀金埃尔默收购的。

珀金埃尔默公司的人力资源负责人里奇·沃尔什报告说："那是一种非常理想的状况。我们想找些非常有潜力而且本质良好的人，向他们介绍我们的公司，用我们的文化培育他们，而他们则培育我们的业务。最后，当他们做好准备时，我们希望他们能够掌管一项业务。"

通用电气公司比珀金埃尔默公司大50倍，是机会性招聘的领导者。它现在每年从咨询公司、会计师事务所、军队和其他领域招聘100多人，进入其业务发展、企业审计和其他过渡性部门。通常，这些新员工会在过渡性岗位上停留6—18个月，做一些特别项目、审计和其他工作，同时了解业务和组织。如果18个月以后有人没有被公司的某个业务单元招聘到常规岗位，他通常会离开。

像珀金埃尔默和通用电气这样的公司——定期把有经验的人招聘到过渡性岗位的公司——在候选人心目中留下了良好记录。当潜在的候选人看到那些选择了同样道路的人现在在某家公司身居要职，而且干得很好时，他们就更愿意改变自己的观念。

你是不是也适时地寻找候选人？每当与供应商或客户沟通时，你是否在意有没有什么人可以挖过来？你是否利用论坛和同业公会的会议来搜寻人才？你是否持续关注潜在候选人的职业发展，比如留意他们何时错过了升职机会？最后，你是否密切关注何时宏观形势会变得有利？比如当企业或军队裁员、合并或网络泡沫破灭时，就可能出现很多不错的候选人。

比如，西尔斯公司就招聘了一个由25名软件工程师组成的完整团队，当时这些工程师所在的公司美国银行与第一银行系统合并，而他们不愿意离开爱达荷州的博伊西。这群人喜欢住在博伊西，他们的家人在那儿。他们作为一个团队工作得很好，并且希望仍然能在一起工作。他们每周在一个美食广场开会，有条不紊地向联系人表达他们的意愿，包括一家芝加哥银行的官员。

那家银行不知道如何促成这次合作。后来，银行的一位官员向一位在西尔斯工作的朋友提到了这件事，他知道西尔斯正计划在芝加哥以外设立一个技术中心，并在奥斯汀拿到了场地。因为有一群现成的人，博伊西看起来要比奥斯汀更好，西尔斯最后把技术中心放在了那里，而这个初始团队后来又招聘了125人。

开发各种各样的人才库

过去，公司一般都是为一个具体的职位找一个有经验的候选人——一个萝卜一个坑。他们也不必去很远的地方找，每年，公司去同样的学校、竞争对手或与行业相关的企业，就可以满足他们的招聘需求。

然而，随着人才战争的持续存在，企业已经不太可能在原来的几个地方找到足够的优秀人才。如今，企业必须到更多的地方去找。他们不得不找那些没有传统背景的人，在很多情况下，这些人更好。

比如10年前，大咨询公司差不多都盯着最好的五六家工商管理学院招聘新员工。然而，随着这些公司的发展壮大，以及这些学校的人才供应的基本稳定，他们不得不去其他地方找人。有几家公司把他们的网撒向排名前10或前15的工商管理硕士项目，其他的则开始招聘大学本科生，而且创造了一个新的咨询岗位，叫作分析师，显然是专门给他们设计的。很多公司则开始招聘律师、医生、物理学家和有经验的商务人士。结果，一些咨询公司把对拥有工商管理硕士学位的人的依赖度降低到总招聘人数的一半，并发现那些没有工商管理硕士学位的人也很成功。

其他行业的企业也可以接触更广泛的人才库，艾睿电子就是一个很好的例子。这家公司多年来一直从10所固定的大学招人，但是到了1990年底，火爆的经济已经把其中一部分人才吸引到别的地方去了，艾睿公司意识到必须改变策略。

就在那时，艾睿决定以赞助商的身份，参与全国大学生销售竞赛，那是一个大学生之间的销售比赛，每年在位于得克萨斯州韦科市的贝勒大学举行。来自全美国和加拿大20多所小规模学校销售专业的大三、大四学生，以角色扮演的形式互相竞争，最后，参赛者获得奖励——艾睿公司则通常从排名最靠前的选手中选聘员工。

艾睿还从其他行业招聘销售人员。"如果我们想找一个有 5 年销售经验的人，就意味着这 5 年的经验必须来自电子销售行业吗？"公司的战略人员配置总监莱斯·吉伦问，"我们为什么不能选一个有金融销售背景，并且成功推动了按揭贷款业务的人呢？"事实上，艾睿公司就是这么做的。他们发现，金融销售人员经过一些具体的行业培训后，就很合适。

军队是艾睿公司接触的另一个人才库。2000 年，公司招聘了 15 名军官，他们经过良好的训练，有跨文化交流的经验，了解后勤管理，而且有技术背景，这些都是公司可以利用的优势。艾睿特别喜欢招聘有带兵经验的退役军官。"这些人精通假设分析，也具备我们工作中需要的其他技能和素质，"吉伦解释说，"他们与懂得电子技术的人一样宝贵。"

艾睿还发现，在招聘条件中剔除电子工程学位的要求后，他们就可以招聘其他专业——比如化学工程、土木工程以及工业工程专业——的工程师担任现场应用工程师。这样招聘来的很多人都很成功，因为他们有很强的个人沟通技能并能保持良好的客户关系。

目前，艾睿的销售和分销类职位空缺 25% 通过非传统的人员招聘来补充，而且这一比例还将进一步提高。与很多其他公司一样，艾睿发现，这种新型招聘带来的员工，不仅填补了空缺的职位，而且给公司带来了一些新鲜观点和创新思路。此外，很多企业越来越意识到建立各种人才库的必要性。这不仅仅意味着招聘更多的女性或有色少数族裔（尽管这很重要），也意味着招聘具有不同经验、不同教育背景、不同思维方式和不同问题处理风格的人。这种多样化使得公司更强大。

维萨公司创始人、荣誉首席执行官迪伊·霍克认为，招聘时内在品质要比特定的经验和知识更重要。他说："招聘和晋升首先要基于正直；其次，是动机；第三，是能力；第四，是理解力；第五，是知识；而最后也最不重要的才是经验。没有了正直，动机就很危险；没有了动机，就没有能力；没有能力，理解力就很有限；没有了理解力，知识就没有意义；而没有了知识，经验就很盲目。有了所有其他品质，就很容易获得经验，并很快施展经验。"

招聘没有传统经验的人确实面临着挑战，这需要谨慎地评估其取得成功必备的内在技能与品质。你要找的不仅仅是符合公司文化的人，还是能融入公司文化的人，或者你觉得在某些情况下，可以有效地发展公司文化的人。来自不同背景的人，在开始的时候可能需要更多的开发与投资，但就像艾睿所证明的，这种努力会带来丰厚的回报。

如图4-1所示，集思广益，讨论所有可能成为你公司新的人才来源的群体。

探讨与传统的招聘渠道不同的各种可能性，为开发新的人才库提供创意

不同的地方	同样的人，但考虑世界上不同的学校、不同的公司、不同的地方。
不同的职业阶段	同样的人，但在职业阶段的早期或晚些时候。考虑退休人员、还没有上大学的高中生、还没有毕业的大学生。
不同的教育背景	考虑不同的专业、更高学历或低一点的学历。
不同的工作经验	考虑不同的行业、不同的岗位，甚至不相关的行业。
不同的人口特征	考虑不同的年龄、性别、种族或社会经济地位。

图4-1 头脑风暴工具

建立新渠道

招聘活动发生变化还有一个原因：只瞄准那些正在找工作的人已经不能

满足需求了，你必须找到现在不找工作的人。2000年时，我们调查了6500名经理，其中有30%的人说他们会在未来2年里离开现在的公司。三分之二的经理曾在过去3年里换过工作，他们说，离开上一家公司并不是因为他们想找一份新工作，而是有一个更好的机会送上门来。换句话说，很多人才如今是被动求职者。

所以，外面有很多优秀的人才，你必须从竞争对手那里把他们引诱过来。因为这个原因，以及为了找到许多不同的人才库，公司需要开辟新渠道来接触候选人。

最新的渠道当然是互联网，企业有很多方式利用互联网找到候选人。不管潜在的候选人是不是在找工作，当他们浏览你公司网站的时候，你就可以吸引他们。你可以在求职板块或求职网站上公布你的招聘需求，你也可以搜索挂在求职板块上的简历或求职网站访问者的简历。

20世纪90年代后期信息技术人才市场的狂热，刺激很多企业开发基于网络的招聘技术，思科就是其中的领导者。思科公司的网站就像科技发烧友的糖果店，目的是引诱潜在的员工。他们提供的东西有"在思科找朋友"的计划，该计划把来访者与对其感兴趣的思科员工结成对子；有"思科简历"，一个可以帮助网站浏览者生成简历并投递给思科的智能界面；还有一个叫作"噢，不，老板来了"的按钮，它可以生成一张"成功员工的7个习惯"的图表（在工作时间访问网站的人90%都是其他公司的员工）。1990年，思科收到的电子简历比以往多出80%，它通过互联网招聘了三分之二的新员工。

用互联网管理招聘流程可以加快速度，使你更快地填补空缺，并使候选人在被别人挖走之前就来入职。网上招聘应用软件可以自动接收简历、启动筛选测试、进行背景调查、预约面试、与候选人交流、跨部门共享简历和提交报告。

思科设计巧妙的网上招聘程序，压缩了很多招聘到岗时间。思科把招聘周期——从首次接触到入职——压缩了60%，从1996年的113天到1999年的45天。这些时间对公司和个人来说都非常宝贵。

数据库是另外一个新渠道。就像营销人员把手伸向客户一样，公司可以与潜在的员工建立联系。数据库招聘更像是用鱼叉捕鱼，而不是用漂网。数据库先是识别出哪些人具有你需要的特点，并且可能有朝一日想到你公司工作。然后，与这些人保持一段时间的联系，告诉他们你希望他们考虑加入你的公司。了解那些可能会影响其职业选择的个人因素和职业因素，在时机成熟时，努力劝说他们来你公司。

要建立一个潜在候选人数据库，就要包含你公司所知道的所有人：你现在同事的朋友和同事、拒绝过入职邀请的候选人、不适合某个职位但却可能适合另外一个职位的人，以及业绩很好但却离开公司的人。这些简历就躺在那儿，等待我们开采。

除此之外，还要积极地搜寻人才并将其添加到数据库里：竞争对手中业绩最好的员工，论坛上的演讲者或获奖者，你目标学校的校友、协会和企业的前员工。

与这些人保持联系：给他们发文章，邀请他们参加活动，或者请他们浏览一个有他们感兴趣的信息的网站。时不时地与他们联系，让他们知道你一直欢迎他们来公司面试。

世界最大的电子游戏公司美国艺电公司，就是通过它的简历数据库来保持与游戏软件开发人员的联系，期望有一天他们会来公司工作。艺电公司依靠网站来培育这种关系：找工作的人第一次在其官网上点击"职位"按钮时，会弹出一系列关于职业目标与职业理想、背景、兴趣和能力的问题，网页甚至会要求候选人允许公司在未来联系他们。系统会向艺电公司的招聘经理提供候选人与空缺职位匹配的信息。不到一年，艺电公司就建立起一个包含34000名潜在候选人的人才库，其中20000人同意接收更多的信息。

最近，艺电公司对该系统进行了一次测试，它决定将其纳斯卡游戏的开发团队从加利福尼亚的雷德伍德城迁到佛罗里达州的奥兰多。搬迁后需要快速招聘40名当地的游戏开发人员。解决方案是一封名为"进入游戏"的互动邮件，邀请数据库中的18000名通过资格预审的候选人，共同探讨在奥兰多的新工作机会。职位细节、所需资格和在线申请的链接，都用工作室里最

管理人才经纪人

长期以来，招聘过程中唯一的中间人就是专业的高管寻访公司，他们代表公司的利益，并协助寻访候选人。在今天的市场上，个人的话语权越来越大。管理者可能很快就会有人才代理——就像电影明星一样——帮助他们寻找最好的工作并达成协议。这听起来有点牵强？

现在，已经有管理人才的经纪人在这样做了。有一位人才经纪人，他有大约30个客户。他给客户提供顾问、代理和公共关系服务，并把他们推销给企业。另一个经纪人主要做首席执行官的生意。他帮客户寻找合适的事业机会和合适的财务支持者。他训练他的客户永远不要说"工作"这个词。他给客户找的不是一份工作，而是一份事业。

我们预测，这只是个开始，将来会成为一个普遍现象，而且会从高级管理者向下层管理者扩展。想一想经纪人对个人的好处：他不断地帮你寻找下一个好机会，帮你处理所有猎头打来的电话，而且在薪酬谈判方面提供建议。

想一想这将如何改变企业与个人之间的互动关系，想一想这将如何改变招聘过程。

棒的图片和动画展示出来，不用说还可以抢先一睹在奥兰多开发的那款备受期待的电子游戏。没几天，3000名候选人点击佛罗里达的链接，以获取更多的信息。从这些人中找出需要的人选就不难了。

互联网可能是最新的招聘渠道，但最有效的招聘方法可能还是最古老的：个人推荐。我们最初调查的经理中，有40%是因为个人推荐而被录用的。由员工推荐的候选人也往往很成功。尽管如此，令人吃惊的是，很少有企业能有目的、有组织地挖掘现任员工拥有的丰富人脉资源。

双击公司就是通过开发员工的个人关系网，找到了成百上千条候选人线索。在2000年的前三个季度，该公司就通过员工推荐计划招聘到500人，同时推动企业业绩增长了30%。公司大力奖励推荐人才的员工：给推荐人选最多的两名员工分别奖励了一辆哈雷摩托车，此外，员工推荐第一个人选，奖励1000美元，第二个奖励2000美元，依此类推，上不封顶。加在一起，通过个人推荐招聘的员工占了双击公司新招聘员工的43%。

一家公司举行了一个为期两天且日夜不停的招聘活动，80名员工，包括公司高管，一起给合格的候选人打电话。一家公司在网站上放了一个电子游戏，邀请得高分者申请程序员职位。还有一家公司邀请黑客攻击自己的系统，然后请那些攻击方法最具创意的人到信息技术部门任职。

打破薪酬规则，招到想要的人

在如今的人才市场上，最优秀的候选人非常抢手，他们创造的价值非常巨大。为找到优秀的候选人，公司要不惜一切代价。经过长期寻找、筛选和示好，千万不要因为他或她的薪酬期望比你预想的高而让一位优秀的候选人跑掉了。换句话说，如果你觉得为了延揽优秀人才，出价已经够高，但人家却不愿意来，那就再想想。

太阳信托银行在按照现行的薪酬结构（低于平均水平的工资＋大额奖金）招聘 40 名客户关系经理时明白了这个道理。罗杰斯很快就想明白了，这是一个常规的薪酬方案，不能吸引他想找的 A 级人才。

所以罗杰斯开始行动，发放签约奖金、支付安家费并保证第一年的奖金。最后，他还把工资水平提高到行业平均水平之上——这是太阳信托银行有史以来第一次。这个转变代价高昂，但它很管用。"几乎所有新招聘的客户关系经理都带来了比我们当初投资给他们多得多的回报。"罗杰斯说，"如果我们不愿意在薪酬上加大赌注，我们可能招不到几个人。"

为了在这个新市场上取得胜利，你不能用旧规则来管理薪酬。你不得不问自己两个很重要的问题：为了招到这个人要花多少钱？他能给公司创造多大价值？

答案也许超出了你原本计划支付的薪酬范围，你可能不得不提高薪酬范围的上限，或创造性地通过签约奖金和其他额外津贴来提高薪酬，但却不打破工资结构。业绩越好，公司越愿意为他们所需要的人才支付费用。（见图 4-2）

企业高管中高度认同的比例（%）

薪酬从来不是公司招聘优秀人才的障碍		需要吸引和保留所需人才时，我们会打破薪酬规则	
18	8	30	17
绩效优异的公司	绩效一般的公司	绩效优异的公司	绩效一般的公司

图 4-2　不惜一切代价招聘合适的人

资料来源：McKinsey and Company's War for Talent 2000 Survey.

执行完美的销售流程

以前，招聘流程主要聚焦在筛选，公司谨慎地从一大堆合适的候选人中选出最好的，他们有的是时间，而候选人则紧张地等待他们作出决定。

而在今天的人才市场上，是公司要把他们的职位卖给候选人。是的，公司仍然需要谨慎地作出选择，但是更艰难之处是说服人们加入公司，甚至是劝说他们听一下报价。整个过程的每一步都像一次完美的求婚：有说服力，令人愉悦，而且充满美感。候选人感觉自己广受欢迎并且很有身价，每一次沟通都让他这样想："我愿不愿意成为这个组织的一分子呢？"

过去，公司不会让最能干的人去招揽人才，他们只是把还可以的人派出去。今天，这可不是让杰出人才"上钩"的好办法。

你应该把表现优异的人放在招聘的第一线。业务主管应该每个月都花一两天的时间面试候选人、到大学校园宣传，以及劝说候选人接受工作邀请。表现最好的员工应该引领招聘策略，人力资源部经理应该是这个流程的指挥，而不是站在招聘经理和候选人中间。

为了招到最好的候选人，公司必须打出最好的牌。"我到这里第一年的主要任务，就是招聘最优秀的人才。"乔治亚太平洋包装部的副总裁史蒂夫·麦克亚当说，"我与我们的人力资源团队紧密合作，扫平了招聘的技术障碍。但是到了硬性销售和关单环节，请你相信我，这是我工作清单上排名第一的事。我亲自乘飞机去全国各地拜访候选人，他们需要多长时间我就花费多长时间。"

麦克亚当知道，让人们相信他的领导力并加入公司的唯一办法，就是亲自和对方见面。他建议："任何经理，如果想说服最好的人为他工作，最好是亲自和对方谈。"麦克亚当入职后18个月里招聘的96个人中，有49人是他亲自面试和说服的。这49人中有29人被认为非常有潜力成为未来的领导者，而且他们几乎都留在了公司。

赛门铁克公司首席执行官约翰·汤普逊也深知个人接触的力量。赛门铁克是一家安全软件开发商，总部位于加利福尼亚的库比蒂偌，以诺顿工具包和诺顿杀毒系列产品闻名于世。汤普逊回忆了一件事：他的研究实验室主任是一个超级明星，但受诱惑去了一家互联网公司。汤普逊回忆说："我给他写了一封邮件，说：'我很吃惊。我以为你爱我们的公司，而且我以为你知道，对我们正在做的事情来说，你有多重要。但是我猜你并不知道，这是我们的耻辱。祝福你！'"一个星期以后，那个研究室主任回来了，他写了一封邮件回复汤普逊："我回来了，还有我确实爱这家公司。"

把你最好的人派去做招聘还有一个原因：从事招聘的人给公司设定了一个人才标准，他们心目中的人才标准将决定你的组织能飞多高。就像阿瑟·柯南·道尔爵士所说："庸人对比自己高明的人一无所知，但人才却能立即认出天才。"

为每个业务单元确立招聘策略

我们都知道市场策略是什么样的。我们识别并确定每一个客户群体，详细描述他们的独特需求，为每个客户群体制定价值主张和定价策略；搭建渠道、采取手段并建立销售队伍；研究确定市场份额目标和销售指标；训练有素的营销和销售经理为设计这些有力的方案而耗费几百个小时，管理委员会认真讨论并就这些方案达成一致意见。

但是你的公司有一份书面的招聘策略吗？针对每一个客户群体？针对每一类人才？与营销方案一样有力吗？应该没有。在人才战争开始之前，谁会这样认真呢？但是现在，确实需要一个放眼整个行业、与市场营销策略一样详细的招聘策略。

我们建议：要求每个业务单元制定一个招聘策略。第一年，可以像图4-3一样简单。第二年，找机会在不同业务单元之间共享不同职能、不同类型人才的最佳实践。

与你的领导团队和人力资源部一起反思，你应该如何制定人才策略，才能把人才吸引到各个层级，不断猎取人才，开发多种人才库，开拓新渠道，在需要的时候打破薪酬规则，并实施完美的销售过程。

招聘优秀人才对提振公司业绩来说越来越重要，而且人才市场上的抢人大战也变得越来越复杂。一定要有稳健的招聘策略，才能赢得大于平均水准的人才份额。

人才类型	招聘人数	来源和渠道	我们的价值主张	责任人	检查指标
程序员	100	15所大学	最先进的技术	3名部门负责人，5名校招经理	入职率，人均招聘成本
经验丰富的电气工程师	50	员工推荐和互联网	选择工作地点	2名生产经理，1名人力资源经理	入职人数，第一年的绩效
总经理	20	6所工商管理学院，2家寻访咨询师的猎头公司	18个月内成为后备管理干部	企业规划及财务部门负责人	在前20名管理人员中的比例

每个人才类型应附下列资料
- 从每个人才库和渠道招聘的人数
- 目标候选人简介
- 面试及筛选流程
- 薪酬范围和期权

图4-3　ABC部门2001年的招聘策略

第5章

让人才开发根植于组织机体

在萧伯纳的《卖花女》中，衣衫褴褛、操着伦敦东区土话的女孩伊莱莎·杜利特尔引起了著名语音学家亨利·希金斯教授的注意。为了证明他能够亲手把伊莱莎调教成一位说一口纯正英语的淑女，希金斯收她为徒，最后，希金斯成功了。但他做梦也没有想到，这一过程不仅改变了伊莱莎，也改变了他自己。此剧本后来改编成一部伟大的戏剧、一部经典的动画片，还有最为人熟知的优秀音乐剧《窈窕淑女》。

这也成了《哈佛商业评论》的一篇经典文章《管理中的皮格马利翁》的核心观点，该文出版于1969年——后来几乎不断再版。文章中，作者J.斯特林·利文斯顿这样描述经理在培养下属中的重要作用："几乎所有的最高管理者都没有搞清楚问题所在，目前企业面临的最大挑战就是纠正开发不足、利用不足和管理低效的状况，利用其最宝贵的资源——企业里年轻的专业人才和管理人才。"

这个挑战仍然存在。就像希金斯发现的、利文斯顿重复的那样，你找到的人才通常都没有被完全开发。人们拥有巨大的潜力，受到培养和激发后，就会完全爆发。

我们来看看艾米丽·希基的例子。希基可不是伊莱莎·杜利特尔。她考入北卡罗来纳大学教堂山分校，并以优异成绩毕业，拿了英语和宗教研究两个学士学位。她从来不用为了生计而在露天市场卖花。但是，像伊莱莎一样，艾米丽也没有做好应对广阔世界的准备。她需要一个导师为她打开大门、鼓励她并激发她，才能发现自己的巨大潜力。

毕业之后，艾米丽在一家技术咨询公司找到了一个初级职位。她做得很好，这在6个月的评估报告中有记录，但有些东西却没有。她觉得可以做得更多，但没有人注意，也没有人给她开发潜能的机会。艾米丽意识到，在现在的岗位上，她无法挑战自我，也不会有发展机会。

找了一大圈之后，艾米丽接受了一个处在发展阶段的公司的职位。这家公司在互联网上推送求职信息，后来发展成 HotJobs.com。在 HotJobs，她找到了苦苦寻觅的伸展机会。她从一个客户经理起步，然后与公司的工程师们一起开发一款运行 HotJobs 网站的软件——SoftShoe。最后，她成为公司 SoftShoe 软件的发言人，并在计算机经销商博览会上因 SoftShoe 软件而获得了荣誉大奖。接下来，她被任命为产品管理副总裁，从零开始建立团队、流程和产品策略。产品管理工作刚刚步入正轨，她又开始帮助挽救 HotJobs 收购的一家软件公司，并管理其中一个产品的生产和物流。

艾米丽的成功归功于她的才华与勤奋，但除此之外，还有另外一个因素。艾米丽承认，如果没有前首席执行官理查德·约翰逊的指导和鼓励，她不会走得这么快、这么远。"我第一次见到理查德，就立即发现他拥有我所不具备的才能。"艾米丽说，"我看得出来，他知道如何充满说服力地讲话和辩论，如何提出大胆的建议，如何自信地行动。我想模仿他，向他学习。"

她承认，向约翰逊学习并不容易，她的老板要求很严。有一次，他把艾米丽推到一群记者面前，让她做一个重要的软件展示。那一次她获得了"最佳表演奖",但这只是个开始。"从那时起,他就不停地让我在各种场合如董事会、投资说明会以及业务发展会等做演示。"艾米丽说,"他把我放在压力巨大的场合下,在我把事情搞砸时批评我,然后又转过身让我重新振作起来,这一切对我来讲意义重大。"她补充道,"他不会让我沉湎于自己的失败。有一次,我把一个演讲彻底搞砸了,他马上告诉我时机还不成熟。但是几周后,他又安排我在董事会上做演示,那一次我搞定了。这使我在某种程度上更加自信了,因为他已经全都教给我了。"

对艾米丽来说,约翰逊愿意开发她、给她反馈并训练她,这起了巨大作用。"我被推向一些场合,在那里,我必须表现得像一个拥有20年工作经验的经理。"她说,"我感觉就像是把一生的经验都压缩到这2年里了。"

为了赢得人才战争,公司必须开发自己的员工。并不是所有人都能成长为超级明星,但是,如果能得到真正的挑战、适当的鼓励和必要的帮助,每个人都能取得他们不可能取得的成就。那些把员工开发根植于组织机体的公司,会吸引到更多的人才,并把他们保留得更久。长久来看,这些公司的业绩也会表现得更好。

这看起来很好理解,但看一看下面这几个数据,我们就知道事情并不容易:

- 54%的企业高管说,加强人才储备的巨大的或主要的障碍,就是他们无法把员工培养成优秀的管理者。
- 57%的经理认为自己的公司不能快速有效地开发员工。
- 认为公司没有很好地培养自己的经理的离职概率,比那些认为公司能很好地培养自己的经理高出5倍。

旧的员工开发方法	新的员工开发方法
放任自流	员工开发根植于组织机体
开发就是培训	员工开发主要包括经历挑战、教练式辅导、反馈和导师制
各部门拥有人才，人才不能跨部门流动	企业拥有人才，人才在企业内部自由流动
只有低绩效者才需要开发	每个人都需要开发和教练式辅导
少数幸运儿有导师	为每一位高绩效者配一名导师

- 打算在未来 2 年里离开现任雇主的经理中，57% 的人认为，发展和学习的机会不足是他们离开的关键因素或重要因素；69% 的人认为，职业发展机会不足是重要因素。

你如何才能把更多的伊莱莎·杜利特尔培养成自信的经理，并将其作为人类的最大潜能发挥出来？如何才能让你的亨利·希金斯成为更加细心周到、更加启迪心灵的领导者？接下来，我们将在本章解释这些问题。

大多数企业的员工开发都做得很差。要想赢得人才战争，企业必须提高其开发员工潜能的能力。他们必须根据工作经验来开发员工，给员工持续的教练式辅导和反馈，还必须在整个组织中建立导师制。

员工如何成长

很多领导者不知道经理是如何成长起来的，他们认为开发的关键就是培训。但是，当我们在调查中询问经理们，在其职业生涯中是什么给了他们成长的动力时，他们说不是培训，而是工作经历。我们对此一点也不感到吃惊。让我们吃惊的是，他们高度重视教练式辅导、反馈和导师制。（见图5-1）

第 5 章 让人才开发根植于组织机体

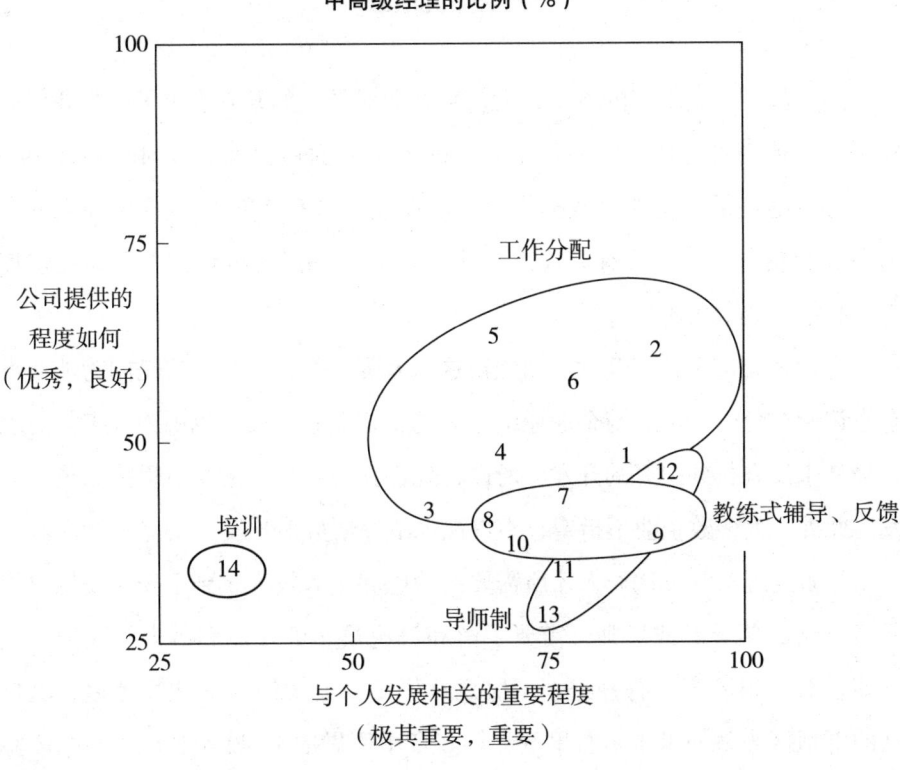

工作分配
1. 快速提拔高绩效者
2. 培养提升职业前景的能力
3. 快速轮岗与晋升
4. 担任项目组长
5. 参与特殊项目的机会
6. 在职培训

教练式辅导、反馈
7. 指出受训者的优点及缺点
8. 360 度反馈
9. 坦率且有洞察力的反馈
10. 由上级提供的非正式教练式辅导

导师制
11. 导师
12. 模范学员
13. 导师关于个人成长的忠告

培训
14. 常规的课堂培训

图 5-1　推动员工发展的因素

资料来源：McKinsey and Company's War for Talent 2000 Survey.

开发的匮乏

另一件让我们吃惊的事是，大多数企业对员工的开发太少了。当我们问经理们，他们现在的公司在员工开发的各个方面做得怎么样时，只有39%的经理说他们的公司能有效提供坦率的反馈，只有37%的经理说他们的公司在导师制方面做得很有成效，而且只有47%的经理说他们的公司在快速提拔高绩效者方面比较有效。

为什么公司在员工开发方面做得这么差呢？我们认为，这是因为他们没有意识到充分开发员工与企业业绩之间的密切关系。或许也因为大多数经理自身从来没有得到很好的开发，所以，他们无力在自己的企业里推动员工开发。此外，大多数企业不指望、不重视也不评估员工开发。

很多经理对开发优秀人才所需要的情感和个人投入感到不安。要想成为一名合格的领导者或导师，需要了解和讨论员工的才能和潜力，这种方式可能会令人很不爽。有些经理不愿意这样做，而我们希望这些经理走出自己的舒适区（就如米米·布里登在第3章中所做的），投入非常有益的体验中——帮助别人开发潜能，使他们超越自我。

用工作经验促进员工开发

多年以来，学者和研究人员一直在谈论工作经验在员工开发方面所起的重要作用。然而，很多企业并不重视他们每天在部署员工工作方面所做出的重要决策。

设置陡峭的学习曲线

"如果经理能力不足，就会让年轻员工的职业生涯饱受创伤，比如让年轻员工的自尊心深受伤害，或者扭曲年轻员工的人格。"J.斯特林·利文斯顿写道，"但是，如果我们能力很强并对员工有较高期望，下属的自信心就会增强，他们的能力就会得到开发，生产力也会提高。"正如利文斯顿所说，员工的成长需要新的挑战和工作经验。应分配给他们一些他们自己不知道如何做的工作，对潜力大的员工尤其如此。

通用电气特意给员工分配挑战性的工作并进行评估，事实上，这就像在员工身上下战略性赌注。前任高管开发副总裁查克·奥克斯基说："要把宝押在天生的运动员——那些天赋最好的、已经显示出召集团队和激励团队的能力并可以完成艰巨任务的人——身上。不要害怕提拔那些没有相关具体工作经验的明星，虽然这看起来好像有点头脑发热，但一般情况下，他们的表现会好得让你吃惊。"

家得宝同样为高绩效员工设置了很陡峭的学习曲线。在家得宝，经理首次担任项目组长的平均年龄只有26岁。一位店长告诉我们，他从18岁开始在公司工作，21岁时成为部门经理，23岁时成为店长助理，25岁时成为店长。并不是所有家得宝的员工都能升迁得这么快，但家得宝的哲学是把机会留给有准备的人。

节奏也很重要。提拔员工太快会侵蚀结果的可靠性，也会使学习偷工减料，而提拔得太慢又会给发展进度拖后腿。大多数企业的问题都是提拔得太慢，所以在评估潜力大的员工时，问一下自己："他们的学习曲线是不是太平了？他们能否承受更大的挑战？"

给员工各种不同的挑战

员工不只是需要更大的工作责任，还需要不同的工作。《经验和教训》一书中隆巴尔多、麦考尔和莫里森认为，不同类型的挑战经历对人才开发非常重要。这包括从业务部门到职能部门的转换，从零开始启动一个项目，或者挽救一个陷入困境的项目，等等。一个全面发展的总经理应该在职业生涯中经历各种不同的挑战。

安进就特意给潜力大的员工安排各种各样的工作。例如，安进的副总裁基思·伦纳德从物流部起步，然后调到财务部，在荷兰从事国际业务，后来又被调去做销售与市场工作，最后成为一个新成立的风湿病部门的负责人。曾是分子生物学家的执行副总裁丹尼斯·芬顿也有类似的经历。他曾领导销售与市场工作，现在在安进负责运营，包括生产、物流、工程、质量、信息管理，最近还负责研究工作。"在现在的岗位上，我当然觉得很有挑战性，"他承认，"但生命的本质就是——挑战你的极限，然后看你能做什么。"

安进当然不会把它的员工扔入深渊，且毫无救生措施。对接受挑战性工作的员工，公司为他们提供导师指导、教练式辅导和持续的评估，以帮助他们学会"游泳"，而不会被"淹死"。

为员工提供特别项目

特别项目即持续数月、有特别目的的项目，对员工来说是一个非常好的发展机会。它通常需要有目的地解决问题、跨功能整合、团队协作、接触高层领导，需要说服而不是指示。员工往往可以在从事正常工作的同时兼做这些项目。如第3章提到，艾睿电子通过让员工临时接替那些休假人员的工作，来向员工提供特别项目的训练。

不断拓展现有工作的边界

即使在同一个岗位上，员工也可以得到提升和接受挑战。不要把工作想得很死板、责任范围很明确，而是要把它的内容想得更宽泛。要求员工重新定位自己的角色，重新定义自己的职责，然后一改以前做这份工作的方式。

鼓励员工探索重新启动一款产品的可能性，把它销售到另一个国家，改善客户关系，或者作为导师指导一位潜力大的员工。给他们一些挑战自我的机会，例如处理一场艰难的谈判或者向董事会做一次重要的汇报。要记住，不是工作定义员工在岗位上的潜力，而是员工自己定义他们能做出多大的贡献或他们接受这项工作的方式。试着想一下，换一种不同的领导风格，这个工作会是什么样，或者找到能够使这一工作脱离现有轨道的人，然后令工作更上一层楼。

把工作设计得更有利于员工开发

设计组织架构时，要考虑到扁平化和去中心化。例如项目组长的工作提供了更多的培养全面管理能力的机会，而跨职能团队能让员工有机会拓宽视野。例如，强生旗下独立运营的公司有190多家，如此众多的去中心化的公司，使得强生建立起一种企业家氛围，年轻员工很早就被委以重任，并有机会提升自己的能力。

特别关注某些工作

有一些工作对培养企业未来的领导者非常重要。据我们调查，经理们认为对人才开发最重要的5种工作是：范围较大的工作，挽救一项业务，启动一项新业务，一个特别的、备受瞩目的大项目，离开祖国去海外工作。这些工作在大多数企业里都是很有限的，所以应妥善分配给最有潜力的人才。

例如在安进，产品开发团队负责人这一职位被看成十分关键的人才开发职位，因为它需要团队负责人从产品研发和临床研究，到营销和监管，一路把产品带出来。由于这个职位跨越很多部门、涉及众多方面，安进首席执行官凯文·谢弗把它当作高级管理人员成长的一个重要路径。谢弗认为，如果一个经理不能成功地领导一个产品开发团队，他或她就不可能有朝一日领导整个公司。

当通用电气公司启动质量管理项目时，就把6个标志性的工作岗位看作职业发展的重要机会。他们把这些"黑带"职位分配给那些最有潜力的人，经过一番历练后，这些潜力大的领导者会被安排到公司里更高的运营职位。用不了多久，他们的丰富经验就会在全公司范围内产生巨大的效益。但是"黑带"职位并不仅仅是好的发展机会，它对推动通用电气的业绩增长也至关重要。

就像通用电气和安进，企业应该确保最有潜力的人才被赋予最能开发其潜力的工作，将最核心的职位委派给最有才能的人。

设计岗位配置流程，促进员工开发

大部分企业都不能以最大限度开发员工的方式来匹配员工与岗位，用人经理只关注他们认识的人，然后找其中一个"最有资格"的人了事。因为经理通常并不知道企业内所有有潜力的人才，他们倾向于从身边的人中寻找。他们错失了培养最有潜质的人才的机会，并拒绝为人才投下赌注。安进正在规避这种错误。"以前，我们通常会找一个其简历看起来符合职位要求的人，"安进的人力资源高级总监依拉娜·麦斯金解释说，"而现在，我们选的是真正的人才。谁会获得最大的能力提升？谁会学到最多？我们将如何运用当前的空缺来特别培养某个人？"

配置流程应该能够发现组织内任一部门中的人才，并应明确地成为员工开发的重要组成部分。这首先要建立这样一个理念，即公司级别最高的

200—500名经理不是哪个业务部门或职能部门的资产，而是公司的资产。只有当公司把员工当作公司资产时，人才才能流向最富有吸引力的岗位。

为了建立这种理念，首席执行官需要过问提拔储备干部的过程。在高管开发负责人的支持下，首席执行官应该参与级别最高的200—500位经理的职位安排。最后的决策一般是由用人经理来做，但是首席执行官要确保在公司范围内充分考虑足够多的候选人。首席执行官应该在这种岗位的配置过程中扮演一个特别重要的角色，尤其是在培养未来领导者或要提高公司业绩时。

两种岗位配置方法

有两种方法可以用来确保有效的岗位配置。第一个是棋盘法，即由首席执行官和高管开发负责人像下棋一样模拟职位调整，以使跨部门的调动达到最优。每次出现空缺时，他们都会选一批候选人，然后与用人经理讨论，用人经理做最后决策。个人的意愿也会考虑，但不会因为个人意愿而被纳入候选人名单。

第二个方法是开放市场法，即候选人与用人经理互相找到对方。候选人寻找他们感兴趣的职位机会，然后提交申请。用人经理则主动出去寻找候选人，考虑所有对职位感兴趣的申请者，然后做出聘任决策。首席执行官评估用人决策，可能也会主动介入某些职位的选聘，但通常都会让市场自己来运行。

通用电气公司使用棋盘法来选聘级别最高的500个管理职位。杰克·韦尔奇在人力资源负责人比尔·康纳迪和高管开发负责人查克·奥克斯基的协助下，积极介入这500个职位的所有选聘决策。通用电气公司的管理层很清楚，这些职位应该由企业的核心高管来组建。

当岗位出现空缺时，韦尔奇、康纳迪和奥克斯基通常会准备一份候选人名单，名单很大程度上取决于通用电气公司每年一次的人才评估会即 C 会议上得到的信息和对候选人的深入了解。名单既包括显而易见的候选人，也包括看起来违反常理的候选人，把他们加进来就是为了挑战传统的选人观念。三人组（韦尔奇、康纳迪和奥克斯基）还会考虑候选人近期的业绩评估结果，以及他们每个人在人才评估会上表现出的职业选择和职业偏好。最后，由用人经理确定空缺职位的人选。

棋盘法的优点是可以在众多职位调动方案中选择最优，它能够使组织将最能干的人匹配到最重要的岗位上。

另一方面，很多公司，包括美国赛仕软件研究所、惠普和很多咨询公司，都使用开放市场法。例如惠普就有一个很好的传统，即在不同的业务单元、地点和职能部门之间调动潜力大的人才。在候选人管理自己的职业生涯时，他们要自己"准备好降落伞"，当用人经理在组织内筛选并找到合适的人选时，候选人可以随时空降。公司里有一个严格的"禁止囤积"的政策，明确指出经理不能阻拦其下属调动到其他地方。

在惠普，有 3 个正式流程支撑这个非正式制度。第一，所有人员都要接受强制排序的绩效评估（这样，经理的人选搜索就可以简化为找到所有的前 4 名或前 5 名）；第二，所有经理都有权翻阅高潜力人员的简历库，这些人是为高级培训项目专门挑选出来的；第三，除级别最高的 100 个职位，所有职位空缺都在一个职位发布系统中发布，这样，候选人就比较容易找到自己感兴趣的职位。

开放市场法有很多好处。当人们主动地为自己寻找职位时，他们会感受到更多的参与度和挑战性。此外，开放市场机制迫使经理们必须让自己的部门充满生机和吸引力，否则，他们就吸引不到所需要的人才。

正如惠普所揭示的，开放市场法要想横跨整个企业，实现人才与岗位的最优配置,就需要 3 个有序运行的要素:一个严谨的评估流程,以使用人经理拥有关于候选人的绩效和潜力的可靠信息;一个职位发布系统,以使员工可以随时看到所有空缺职位;一个"禁止囤积"的政策,这样,经理就无法阻挡最优秀的下属调动到新岗位。

提供持续的教练式辅导和反馈

除了给予员工挑战性的工作之外,还必须对员工的优缺点给予反馈和指导。他们需要知道自己到底做得怎么样,自己到底擅长什么,以及需要怎么做才能提高绩效。告诉员工这些,并不是剥夺了他们晋升与发展的机会。就像摩根·麦考尔在《培养下一代领导者》一书中所指出的,缺乏反馈往往是导致非常有才华的人偏离轨道的一个重要因素,自我认知在他们持续成长的过程中非常关键。

然而,只有35%的人认为公司直白而坦率地告诉他们做得如何。你向你的同事提供过多少坦率的、有益的反馈和辅导?

反馈告诉人们他们擅长什么以及哪些地方需要改进。为了能让员工实现改进,教练式辅导应提供指导、引导和帮助。在理想状态下,教练式辅导还包括讲故事,甚至是上司的亲身经历。故事给人以启发,令人感到安慰,并能体现上司人性化的一面。人们彼此需要,反馈可以达成平衡,否则人们就会士气低落。教练式辅导应该一对一进行,否则毫无意义。

每个经理都应该是一名教练,但大多数经理并不是。正如麦考尔所说:"改变人是一个情感活儿。担忧、恐惧、失落、自尊受到伤害、胆怯和受到侮辱是很显著而且令人情绪低落的情感……面对重大挑战时,知道有人关心你、支持你,可以帮助人们坚持下去、再试一次、重新振作起来,百折不挠。"

当拉里·博西迪成为联合讯号公司首席执行官时,他大幅提高了对级别最高管理人员的业绩预期。他还意识到,要想成功,就要在反馈与辅导方面有一个巨大的飞跃。上任8个月后,博西迪开始每年给直接向他汇报工作的10名管理者写一份2页纸的反馈备忘录。备忘录很简单,聚焦在个人的优点与需要提升的地方。他还花费一个小时,与每一位经理严肃地比较其实际表现与自己之前在评估会上的期望。他鼓励每一位直接下属与他们的下属进行开诚布公的谈话,为了人才开发,坦率些没有什么关系。

然后,博西迪做了些不同寻常的事:他与董事会分享了他对下属的反馈意见。他这样做有两个原因:一是向董事会证明,他会对自己建立的人才库的质量负责;二是向下属证明,与他们分享的观点"全都是事实,没有别的,只是事实"。无论怎么强调坦率、诚实和有益反馈的重要性,他都不觉得过分。

博西迪还认为大多数首席执行官都没有意识到缺乏对下属的反馈。"如果你问一名首席执行官,下属是否知道他对他们的看法,"博西迪说,"首席执行官就会拍着桌子回答:'毫无疑问!我天天跟他们在一起。我跟他们旅行,我们经常一起讨论他们的成果。'"但是,博西迪补充说,"如果你接下来问其下属同样的问题,下属们十有八九会说:'我一头雾水,5年来,我从来没有得到过任何绩效评估和反馈。'"事实上我们很吃惊,一个又一个的经理说他们多年没有得到坦率的、有益的绩效评估,甚至在一些管理很好的公司也是如此。

不自然的行为

为什么很少有教练式辅导和坦率的反馈呢?这是因为,对我们大多数人来讲,做出坦率的反馈令人感到不舒服。坦率的反馈很难做到,而且需要宝贵的时间。很多人不知道怎么去做，因为他们本人从来没有过类似的经历。组织没有明确地阐述其价值，也没有要求人们必须这样做。

问题部分地出在"坦率"这个词本身。坦率不是刻薄的批评，也不是完全的负面反馈。坦率是开放的、互相尊重的对话。在讨论一个人的工作成果时，要充分意识到他受到的挑战；讨论其失败时，要注意到这可能是他下一个成功的开始。坦率是建设性批评与积极反馈的混合体，支撑它的应该是对一个人成长与发展的真正关心。

大多数经理都把建设性批评一带而过，他们知道这时常会引发一场不愉快的谈话。如果纯粹是出于关心，直白一些也能让人接受。在教练式辅导和反馈上不能心软，但你可以多注意个人的情感。

真相会伤害人，但不一定

当你考虑如何给别人反馈时，试着换位思考一下。真相是伤人的，对此你深有体会。还记得上回那次坦率的反馈会议吗？

反馈每年都会有一次（如果你幸运的话），每次持续30分钟。你的上司拿着一张纸，像判决书一样。他先祝贺你取得的成绩，但感觉有点做作，你开始走神了。你的肚子开始痛起来，你在等着另一只靴子掉下来。对他的赞美之词，你一个字也听不进去，因为你在等着那些转折字眼（然而、但是、另一方面）的出现，那意味着他将要谈论你的"成长机会"或其他委婉的说法，其实说的都是你的缺点。

他的身体在椅子里移动了一下，暗暗地表现出对下一段谈话的不自在，然后他指出你的表现中有3点需要解释。你感觉到刺痛、抵抗的情绪一下子涌了上来，你担心刚才听到的有些是真的，有些是误会。然后是沉默。该你了，你搜肠刮肚地琢磨如何回应，你深吸一口气。

这与很多人在收到反馈时的经历相差不大，可能也与我们在谈到"坦率"和"反馈"时马上能想象到的情形没有太大距离。但是，定期并适当地给出诚实、坦率的反馈，会使结果大不一样。

有一位领导者在教练式辅导和反馈方面与众不同，他不仅定期进行口头反馈，还每年进行一次或两次书面反馈。反馈包括发自内心的肯定，也会指出需要改进和提升之处。正如拉里·博西迪所做的，一两页的备忘录就应该概括出评估者对一个人的绩效、价值观和行为等的评价。备忘录应该评价一个人既定目标的完成情况，并为其设计出来年的目标和需要采取的行动。

在理想状态下，反馈会议应该是坦诚而不令人颓丧，客观而不无动于衷，有指导意义但不指手画脚。谈话应该包括充分的肯定，特别是在结尾的时候。德国诗人和剧作家歌德说得非常好："批评之后的鼓励，犹如阵雨后的太阳。"

每个人都需要提高

在首席执行官凯文·萨拉尔的带领下，安进的经理们明白了一个道理：每个人都需要提高，应该给他们机会。事实上，当萨拉尔在2000年5月被任命为首席执行官时，他与级别最高的140名下属分别进行了30分钟的谈话。他问了5个问题，其中一个是"你对我有什么忠告？"为了得到答案，他倾听了75个小时。最后，他总结了所有的口头批评，得出的结论颇有些讽刺意味：他最需要提高的方面竟然是倾听。

萨拉尔接受的忠告不止这一个。有一次，他正在主持领导问答会议，一名员工站起来反对萨拉尔，而萨拉尔则严词回应，会议气氛一下子紧张起来。后来，人力资源高级总监依拉娜·麦斯金给萨拉尔发了一封有声邮件。"你这是一种关闭谈话的方式，让人不愿意再继续谈下去。"她说，"你拒绝了思想交流，而它正是你想要的。我们得到最好想法的唯一办法是打开而不是关闭谈话。"

但是麦斯金没有得到回复。"我想我的职业生涯完了。"她说。但是，第二次开会时，萨拉尔完全变了一个人。问答一个接着一个，萨拉尔听得很专注，回答也充满尊重。会后，主持人找到萨拉尔，说："太棒了！"萨拉尔转过头来，冲麦斯金挤了挤眼睛，笑着说："有教练辅导我了。"

通过以身作则，萨拉尔成功地向大家灌输了一种思想，即每个人都会从人才开发中受益。他向人们表明，为了确立支持人才开发这一人才观念，高级领导者也毫无例外地需要开发。

在每年一次与直接下属谈话的过程中，萨拉尔都会坐下来为每个人写下一段话。"通常只有三四句话，"他解释说，"然后我说：'你在很多方面都做得非常好，继续加油。你有3个地方需要改进。'这就是我写的那3句话。"萨拉尔承认这个程序很简单，但他强调，重点是把自己当成教练，而不是裁判。

推动绩效反馈与教练式辅导

如何能让你的公司像安进公司一样，开放地进行教练式辅导和反馈？那就是培养一种有意识地接受反馈和教练式辅导的企业文化。要提供一种培训，让领导者可以通过角色扮演来进行反馈和教练式辅导。把教练式辅导和有效的绩效反馈作为领导者核心素质的一部分，把员工开发纳入领导者评价的标准中。选拔那些擅长公正评价员工，给员工进行教练式辅导的领导者，让"员工开发"成为晋升决策中的重要考量因素。

最后，设计一个360度的反馈制度。给一个人的上级、下级和同级发放问卷，要求他们根据一个人的各种能力来评估此人。你会发现，360度反馈可以使我们深入了解一个人的优点和需要改进之处，而不是只从上司那里得到令人手心冒汗的反馈。当然，这么做也提供了下属的意见，他们也许对这个人的领导技巧观察得最透彻。360度调查包括了领导者培养员工和开发员工的水平。

如果你进一步把360度反馈结果与被评估者的上级交流，你就额外了解到了对被评估者的员工领导力的评价。你可能会质疑，如果与其上司交流反馈结果，会使得反馈不那么坦率。其实，在坦诚深深植根于文化的企业里，这种事是不会发生的。

记住，在我们的调查中，几乎所有受访者都认为，"坦率而富有洞见的绩效反馈"非常重要，但同时这也是企业在员工开发方面做得最差的一环。（见图5-1）

推动有目的的导师指导

美国海军陆战队在招募新兵时能领先于美国其他兵种的奥秘是什么？在美国广告公司的帮助下，海军陆战队精确地表达了自我定位"精英、骄傲"。海军陆战队在其225年的历史中明确表示，招募新兵的标准就是"严"。他们明确地向新兵传递信息，绝不闪烁其词：给我们几个月，我们将改变你对自己、战友和生活的看法。海军陆战队为国家做两件事："打赢战争，缔造海军陆战队！"

尽管很多人可能认为海军陆战队培养了一种"吃钉子，吐铁锈"的文化，但实际上还不完全是这么回事。他们是一个把士兵培养成领导者的组织，而且导师制是他们开发士兵的一个重要手段。

"作为领导者，你手中拿着一把保护伞，要为你的小伙子们挡住一切官僚主义的废话。"海军陆战队上校罗伯特·E.李（与邦联将军没有关系）解释说，"不幸的是，当你正拿着伞保护他们的时候，这帮小伙子有时候会往你的鞋里撒尿。但他们是你的兵。如果你把他们当成你的兵，就要继续为他们挡住那些东西。"

李对此深有体会。30年前，他还是海军学院的一名学生。在大四的时候，他惨遭降级，跌到了进入学院之前的级别，并很有可能被学校扫地出门。很幸运的是，李当时的教官是一位名叫托马斯·戴瑞德的海军上尉，他喜欢眼前这个精力充沛、态度积极——尽管有点茫然——的小伙子。戴瑞德介入了这件事。"我坐下来与李说：'好吧，问题就是这样，你到底有多想成为一名海军学院的毕业生？'"戴瑞德回忆说。

当李回答说他"非常想"的时候，戴瑞德决定帮他一把。他与李一起去见校董会，当学院院长问到李是否有顺利毕业的可能时，戴瑞德回答说："将军，绝对没问题！我会一直跟着他，我保证他会顺利毕业。"但是这还不够，结果出来了：李被开除了。

戴瑞德非常惊讶，但他并没有气馁。他又申请了一次听证会，这一次他仍然为李申诉。最后，校董会没有让李出席，而是单独与戴瑞德沟通。他们一致认为，"我们觉得这个孩子没有应有的素质"。戴瑞德大声说："先生们，我知道博比·李不是什么优等生，但他绝对能率领部队。我想这仍然是这所学校存在的意义所在。我刚刚第三次从越南战场归来，我想我知道战斗是怎么回事，战斗就是率领部队。我告诉你们，我们不能让博比·李离开我们。"

校董会动了恻隐之心，李又得到了一次机会。这回戴瑞德和李的新教官对他很严格，以确保他投入足够的时间学习。李没有让他们失望——事实上，他在下个学期竟上了院长嘉许名单，而且以全班第一名的成绩从基地学院毕业。"戴瑞德上尉在我身上发现了连我自己都不知道的东西。"如今的李评价道。

李后来成为预备学校的指挥官，负责海军陆战队员的必修课——领导力训练。当我们采访他时，他正给克林顿总统领导下的海军部长理查德·丹泽格做助理。最重要的是，李现在已经把导师的火种传递给了别人。

比如，他指导的两个人是戴夫·奥多姆和他的妻子米歇尔·特鲁索，李的两个明星。他们都是两栖作战学校的荣誉毕业生，该校是海军陆战队培养上尉最重要的职业学校，他们最近都晋升为少校。现在这两个人已经成为海军陆战队传统的一部分，指导着年轻的下级军官。特鲁索说："我觉得，作为上尉，我有责任将所了解到的学习的核心要点传授给中尉。很幸运有人把这种传统教给了我，我必须把它传下去。"

导师指导偶尔给人惊喜。奥多姆回想起一件事，它最能说明导师指导的重要性。他说，他手下曾经有一个年轻中尉，他平时很松懈，糟糕的是，他写了一个非常差的命令（在部队里，这有点像律师写的陈词或案例分析）。

"当时那个中尉正在吃早餐，其他中尉都已经走了。"奥多姆回忆说，"我说：'请等一下。'然后我把那份命令扔在隔壁的桌子上，'太差劲了，'我说，'你明明是在浪费你和我的时间。'那个年轻人回答说：'先生，我知道我表现得不好。上个周末我想跟我爸爸去看圣母院橄榄球比赛，这份命令只用了不到半个小时。'"

奥多姆告诉这个年轻人，这里不是大学，这里是海军陆战队，他要对人们的生命负责。"如果你不能每天 24 小时每周 7 天随时待命——尽管这不是正式要求——你带领的部队是不会尊重你的，他们也不会听你的。如果你不能竭尽全力，做出最好的决策，你的人会死。"

然后，奥多姆给了这个中尉一份清单，希望他照着做，并且说他会就此对中尉做出评价。"如果你没有做到，我建议你回去找李上校，申请离开陆战队。"奥多姆十分严肃地说，然后就起身离开了，留下年轻人坐在那里，一脸惊愕。

奥多姆从此一直关注着这个年轻中尉,但他并不知道那次干预产生了什么效果。几个月后——"在毕业典礼上,中尉领着一位穿着大衣的老人走了过来。"奥多姆回忆说。"这是我爸爸。"年轻人对奥多姆说,然后转过身对他父亲说:"爸爸,这就是那个改变了我生命的人。"

导师的力量

"导师"一词源自荷马史诗《奥德赛》。在踏上史诗般的航程之前,奥德修斯把他唯一的儿子忒勒玛科斯托付给了名叫门特(Mentor)的亲密朋友。20年后,当奥德修斯回来时,发现忒勒玛科斯被调教得非常好——也完成了自己的"奥德赛之旅",成为男子汉。

从此,导师(Mentor)一词就流传了下来。导师的职责是培养自尊——不只是大加赞美,而且鼓励和相信你有能力取得非凡的成就。"导师经常会给你痛苦的反馈,但表达方式充满深切关怀。"安进公司科罗拉多州博尔德市的一名经理凯瑟琳·巴克解释说,"导师会在过程中支持你,他们会说:'你可以宣泄一下,然后挺过那段痛苦和被动防御的经历。这一切我会替你保密。然后,我会给你一些反馈和忠告——因为你可能看不到全局。我跟你说这些,是因为我想让你成功。'"

我们的研究证明了导师的巨大力量。在得到了非常有益的导师指导的受访者当中,95%的人说这种经历使他们能够做到最好;88%的人说,导师指导使他们离开公司的概率大大降低了;还有97%的人说,导师指导对他们在公司的成功起到了促进作用。在我们做的一项研究中,35人接受了真正的导师指导,一半的人说接受导师指导"改变了他们的人生"。这是非常有力量的词汇。

不管导师指导的影响力有多强大，大部分公司并没有很好地理解导师指导，也没有足够重视它，或者好好实施。只有47%的受访者认为他们的公司重视和认可导师的重要性；只有25%的人说，他们的公司有正式的系统来支持或鼓励导师指导关系。

导师制度化

在大多数公司，每天都进行着某种形式的导师指导。大体上说，那些碰巧可以找到某人并与其建立密切关系的人是很幸运的。就像海军陆战队一样，少数组织已经将导师指导深深嵌入其文化之中。在这些为数不多的组织中，导师制是优良传统一代一代的传承。但大多数没有良好传统的企业，如何才能实行导师制呢？

令人吃惊的是，我们发现，通过努力，可以较好地实现导师指导。一些公司明确地把潜力大的年轻人指派给高级管理者，并对这种指导关系提出要求，比如定期碰面并准备拟讨论的话题。还有一些企业则简单地通过考核以及把导师指导纳入领导者的全面评估中来鼓励实行导师指导，他们要求员工自己选择导师。数一数每个领导者带了几名学员，我们就知道谁是活跃的导师，谁不是。总之，这些企业表明他们很重视导师指导。

我们真能将导师指导制度化吗？这正是几年前艾睿电子问自己的问题。我们如何才能把非正式的导师指导所产生的热情、能量和更高的忠诚度整合到一起，并把它传播出去？我们怎样才能将这种概念制度化，让领导者与员工一对一地结成对子，并鼓励、支持和公正地维护他们？

艾睿找到了答案并付诸实施。在参与我们调查的35家大型企业中，艾睿在导师制方面的得分最高，而且《计算机世界》杂志将艾睿列为信息技术专业人士的最佳雇主之一。它是怎么做的呢？

谨慎指派导师。艾睿有一系列正式指派导师的计划，专门为最高领导者设计的全球导师计划是最重要的计划之一，该计划成功的关键是集中的导师指派程序：高级经理谨慎地将导师与学员匹配到一起。事实上，公司特别要求最高领导者，不可以擅自另外建立导师关系。"我们可能计划让某人指导其他人——一个其他人可能根本不认识的人，"首席执行官弗兰·斯科里科解释说，"可能是一位我们认为投资回报率更高的人。"

除了选择导师这一流程之外，对这种关系的很多细节也都有规定。例如，艾睿明确规定导师与学员每个月必须见一次面，并推荐了交谈的话题。此外，还制定了保密规则。

艾睿的导师非常认真地履行其职责。全球运营高级副总裁 B. J. 斯基英是最热门的导师之一。"做导师对我来说非常重要，我把此事列入我的工作计划中，海外出差时也一样。"她说，"有一次我从伦敦飞到丹麦，就是为了与我指导的一名学员吃饭。那名学员不相信那段旅程是专门为了与他见面，我就对他说：'我跟你打赌这是真的，原因是：将来有一天，当你想要放弃时，我希望你记得你对艾睿是多么重要，我曾经为了与你共进晚餐，从伦敦专程飞到丹麦。我希望你不要放弃，而是拿起电话打给我，然后我们一起来想办法。'"

艾睿外包生产服务集团总裁哈丽特·格林也时刻关注着她的 6 位学员。"我经常在掌上电脑里做下标记，"她说，"这样，如果我没有收到学员的消息，我就会联系他们。"格林与她的 2 位学员一起吃早餐——一年前就做好了计划。其他 4 位，她会在每个月的最后一个周日与他们联系。"如果我们没有联系，我就给他们发一条短信说：'没有你们的消息，发生什么事了吗？'"她补充说，"我用这样的方法保持跟进。否则，学员就会说：'噢，好吧，导师指导对我一点作用都没有。'或者导师会说：'他们根本就不联系我。'在这一过程中,双方都应该承担起责任。"

每个单位都有自己的计划。艾睿不只是有一个正式的导师计划,而是有很多。每个单位都自行决定是否以及何时启动导师计划,并且每个单位都有权自主设计导师计划。

比如,艾睿的信息技术部就有一个导师计划,每年 2 次,每次匹配 10—15 对导师与学员。员工要想找导师不只是举手那么简单,还必须写下他们在这个计划中的目标,他们必须清楚自己希望从这种师徒关系中得到什么。这使得导师指导委员会更容易判断哪个导师更适合。艾睿发现,员工需要导师有很多不同的原因,有的期望在工作上得到某些具体的帮助,有的则希望有人能经常教他们如何在艾睿这个复杂的组织中找到方向。

艾伦·纳皮尔,信息技术部的副总裁之一,曾是信息技术部第一届导师指导委员会的成员。"我们花很长时间来讨论每个人的发展需要,努力为每个人找到非常合适的导师。"他说。有时候,这意味着要为遇到困难的学员匹配一名曾克服了同样困难的导师。而有些时候,则要为需要业务经验的员工匹配一名业务部门的导师。

艾睿知道,他们的导师计划带来了很多收益。首先,这是一种让公司与核心岗位的员工保持联系的好方法——这些员工目前分散在全球 38 个国家 19 个分销中心的 225 个销售办事处中。其次,这能使艾睿的遍布各地的办事处员工,通过与高级领导的联系,分享个人对企业文化与领导力哲学的理解。

"最后,"管理发展总监凯西·伯恩哈德说,"我们意识到这种学习是相互的。高级管理人员也需要导师制,因为他们从师徒关系中得到的与他们付出的一样多。"

艾睿贝尔部件总裁维尼·维路奇的情况就是这样。维路奇在艾睿 30 年的工作生涯中,一直都很积极地参与导师指导工作,既当过导师也当过学员。"我在职业生涯中接受的最好指导就来自我的一位导师,"他说,"当时我很受触动,我想这对我来说更容易接受,因为它并不是来自我的老板。这很有意思,但你要记住,你的导师只有一个目的——帮助你成功。"

安进的导师制

当艾睿电子成为导师制的大师时,安进才刚刚开始实行导师制。安进的首席执行官凯文·萨拉尔身先士卒,亲自指导公司3位很有潜力的副总裁。他与每个人每月会面一次,偶尔还邀请他们列席会议或与他一起出差。"我正努力建立一种领导力文化,"他解释说,"而导师制则是我正在尝试的一种方法。"

萨拉尔指导的其中一位是研究治疗副总裁帕姆·亨特,公司里一颗冉冉升起的明星。"凯文决定要当我的导师时,找到我的上司确认是否有问题。当上司跟我提到这件事时,我吃惊得目瞪口呆,荣幸得令人难以置信!"她说。一周以后,萨拉尔把她叫到办公室,问她是否对此感兴趣。"我为什么要拒绝呢?"她问,"凯文对此做了很多准备,他拉开抽屉,拿出了一份4页的导师计划给我——真让人印象深刻。"

自从有了萨拉尔的指导,亨特学到了很多宝贵的管理经验。同样重要的是,公司对她如此关照,使她从内心深处生发出对企业的忠诚。"我想我不会离开安进,这种感情的纽带太美妙了。"她说,"我看着17岁的女儿,希望她也能像我一样在事业上取得成功。"

培训怎么做?

在上文中,我们说培训不如工作经验、教练式辅导和导师指导重要。的确如此,但培训在培养领导者方面也起着一定的作用。

1992年科尔尼咨询公司在一份报告中指出，工作场所的培训大约80%都没有用在工作上。尽管过去和现在对培训有很多批评，我们还是不想摒弃培训，而是推崇培训——至少培训的某些方面对培养领导力还是有帮助的。

有两种培训方法，如果能很好地设计并执行，可以大大提高经理的培养效果：基础管理培训和高强度领导力开发培训。

我们所说的基础管理培训，涉及管理学科知识，比如财务、运营和市场营销——工商管理硕士课程或高管培训课程中教授的知识。这种培训对初级经理或那些面临事业转折的管理人员——例如那些第一次走上管理岗位的人——特别有益。

基础管理培训还包括通用管理技能培训，比如沟通或人际交往技能培训。为使培训有效，技能培训应该是与工作密切相关的、及时的、高质量的，并且在工作中不断加强。尽管有些技能最好能面对面地学习（比如演讲技巧，提供或接受反馈），但很多还是要靠学员自定进度，通过技术手段解决。

第二种培训——领导力开发培训——只能面对面传授，而且讲师应该是那些在组织里有威望的高级领导。最好的领导力开发计划是围绕行动学习而制定的：解决真正的且重要的管理问题。培训还应该包括大量的高质量反馈。在培训计划开始前，要征求与受训者有不同工作关系的人员对受训者的反馈意见。然后，由第三方把反馈意见综合起来，并反馈给受训者。有些培训则更进了一步，密切观察培训过程，进行评估，然后对其领导风格给予反馈。

最好的培训计划，如通用电气公司克罗顿维尔中心的"管理者开发课程"、百事可乐的"构建业务"以及强生的"采取行动、解决问题"等，都是把一小组精心挑选的高潜力管理者与高级领导搭配到一起工作，解决真正的商业挑战。比如在一个课程中，每个小组都必须评估企业进入某一目标国家后能否打开市场。他们研究政治和经济趋势，与目标国家的商界领袖和政府官员见面。在月底,所有小组都要向包括首席执行官在内的高级管理者汇报,管理者们将基于各小组的建议做出具有约束力的决定。

在这个过程中,培训中的管理人员将通过行动学习法有效地接收新的概念、技巧和知识。更重要的是,他们浸润在组织的领导力原则与企业文化之中。他们与同事建立起了牢固而充满信任的关系,将企业文化植入内心深处,并且明确了未来他们在塑造企业文化中所起的作用。他们亲身体验如何成为组织中的成功领导者,很多受训者把这种培训称为"重塑生命"的重要事件。

尽管培训并不等于或者并不保证能学到东西,但好的培训对领导者的成长确实有益。

将游戏升级

在培养杰出领导者方面,你的公司是否竭尽全力?针对下面这些问题,如果你的答案是"不是",那么你的公司需要优化领导力开发的方法。

- 当有职位空缺时,你的公司是否广泛地考虑候选人?你能保证把最有才能的人安排到最核心的岗位吗?你的考虑是谁能在这个岗位上得到最大的发展,而不是简单地寻找一个曾经做过这个工作并且最可能成功的人?
- 你是否经常给候选人提供反馈,对下属进行教练式辅导,以便找出他们的优点与缺点,然后向他们提供有益的指导,使他们知道往哪方面投入学习精力?
- 你是否明确地重视并鼓励导师指导?你是否担任 2—4 名高潜力人员

的导师，并借此给他人树立榜样？
- 你是否有一个领导力培训计划，通过反复灌输企业文化和企业价值观，解决重要的业务问题，并让高级管理者有机会接触那些后起之秀，从而把未来的领导者与高级管理者结合到一起？

对每一个领导者来说，把员工开发成领导者，既是荣誉也是责任。说荣誉，是因为你可以看到一些人取得了他们曾认为永远不可能取得的成功，解决了一个一直困扰他们的商业挑战，或者在某个起初让他们望而生畏的职位上取得了成功。要做到这些，需要用心并投入精力和时间，因为公司的业绩就依赖于此。这很简单，但很重要。

最后要记住，员工开发并不是有效的教练式辅导、制度化的导师指导、灵活运用的岗位轮换和精准培训的简单相加。这一点非常重要。就像我们在《卖花女》中所看到的——你在自己的成长过程中肯定也经历过——发展是一个双向的过程，老师和学生都会成长。发展既依赖于个人的接受能力和主动性，也依赖于组织的深思熟虑。

发展很少是线性的，因为挫折总是与进步交织在一起。发展也是没有止境的，我们永远不能变得像我们需要的或想象的那样成熟。但是发展观念是无限扩展并充满希望的，就像古代一位哲人所领悟的那样："如果天空是画布，所有人来作画，即使森林里所有的树都是笔，也无法描述出我从老师那儿学到的所有东西；而我所学到的只不过是沧海一粟。"

第6章
区分并肯定员工

不列颠之战于1940年夏天打响，德国的飞机突然发动空袭，以扫清进攻伦敦的障碍。英格兰完全没有准备：皇家空军（RAF）没有足够的飞机，更糟糕的是，连飞行员也不够。英国人知道，要想打赢这场仗，他们至少必须以2对1的比例击落德国飞机。

为了力挽狂澜，RAF打破军衔制，把大约900名飞行员分为所谓的A级中队、B级中队和C级中队。A级中队包括最好的飞行员——他们知道如何指挥飞行，培养初出茅庐的飞行员，并将编队安全带回。这些飞行员将针对敌人多变的战术展开培训，然后获准去攻击最远的目标。

B级中队的空中经验则略显逊色，但是RAF的指挥官们不断地鼓励和培训他们。尽管A级中队人员短缺，但RAF还是经常把A级飞行员编到B级中队里，让他们作为领导者和榜样。

C级中队则尽可能地待在地面。尽管需要大量的飞行员，但RAF明白，如果将C级飞行员投入激烈的战斗，可能会使更多的飞行员丧命，反倒帮了德国人的忙。

不到几个月，RAF就训练出了一支技术熟练、士气高昂的战斗队伍。

1940年11月,这些飞行员——很凑巧,都在23岁以下——开始向德国空军反击了。当年丘吉尔说的那些话现在大家都很熟悉:"在人类战争历史中,从没有这么少的人为这么多的人贡献如此之多!"

谢天谢地,在人才战争中,既没有不列颠之战那样的战火,也不需要流血。不过,就像RAF把战斗力量分类后取得了原本不可能的胜利一样,企业也可以通过把员工绩效划分为高、中、低3档来取得更好的业绩。如果更多的企业有这样的决心和勇气,把人才如此分类,他们也能取得看似不可能的成功。

本章探讨了3个重要的主题:为什么要区分人才库里的员工,为什么要采取"肯定"这一平衡措施,以及围绕这些难题的道德考量。

本章还将进一步阐述,如何对最能干的人(A级员工)投资,如何培养不断做出贡献的中坚力量(B级员工),如何果断地处理低绩效者(C级员工),如何在严谨的人才评估过程中将重点放在这3个方面。

重塑传统伦理的勇气

为了成为公正和富有同情心的领导者,许多人更愿意把所有的同事都看作有才华的人,并对他们一视同仁。然而事实上,有的人绩效好,有的人绩效差。

区分员工势必要评估员工的绩效和潜力,然后给他们相应的晋升、薪酬和发展机会。这意味着要对A级员工投资,这样就能留住他们并使他们得到发展;意味着要肯定和开发B级员工,这样他们就能做到最好;还意味着要对C级员工果断地采取措施,或者帮助他们提高绩效,或者把他们调离核心岗位。

A级、B级、C级到底是什么意思呢？你可以把3个级别当作绝对的划分：A级员工是指那些绩效达到卓越标准，即成果稳定并能激发和驱动他人的员工；B级员工是那些绩效扎实，即达到预期目标，但上升空间有限的员工；C级员工是那些绩效难以接受的员工。也可以把3个级别当作相对的划分：在一家公司，A级员工是最好的10%—20%的员工，B级员工是中间的60%—70%，C级员工是最下面的10%—20%。不管你采取哪种方法来区分员工，一定要采取一个可以长期使用的通用标准。

很多企业在划分A、B、C级员工的时候感到很为难。区分就需要承认，在努力工作的员工中，有些人在绩效和对组织的影响方面比其他人贡献更多。

这种为难的核心实际上是对员工进行评判的矛盾心理。然而，要记住，你不是对员工进行评判，这很重要。你是在评估绩效，进一步说，这不是一个永久的判决。事实上，评估的基本宗旨是帮助人们提高绩效。

对区分员工持批评态度的人认为，这么做突出了个人英雄主义而瓦解了团队。然而情况并非如此。把员工分为A、B、C三级，意味着在脑门上贴了级别标签。事实上，你可以不告诉员工他们现在的评估结果如何。再者，不一定要根据每个人的绩效来决定所有的绩效奖励，比如，你可以基于团队的绩效来决定某些经理的浮动薪酬。

还有些批评观点认为，为了调动每个人的积极性，需要给所有人好评。我们并不认为这是事实。在我们调查的经理中，94%的人认为，对个人贡献的评价对他们非常重要。

区分员工的确有一些弊端。B级员工认为他们没有像A级员工那样受关注，C级员工可能会觉得受到了很大的伤害（经理也受到了很大的伤害，因为他不得不告诉C级员工其绩效不佳）。但是有更好的选择吗？难道不把最重要的发展机会留给公司里最有可能成为领导者的人？难道就因为你承受不起，就不用一流的人才？难道不把最有才能的人放到最核心的岗位？难道不应将人们需要改进之处坦诚相告，好让他们能采取措施？

想象一下，如果你的首席执行官宣布晋升一位水平一般的工程师——一个被普遍认为是糟糕领导者的人——来负责整个公司的产品工程，会引起多大的轰动！想象一下，你的老板告诉你，你的绩效被评为优异，然后给你涨了 40% 的奖金，而不是你之前期望的 4%。再想象一下，如果你公司一位元老级的高管——多年来都未能激励团队，事实上反而拖了大家后腿——被扫地出门了，整个公司会多么热闹。

肯定的巨大力量

从另一种角度来看，肯定意味着让员工感受到赞赏和认可，并因他们独有的贡献而受到重视。肯定有助于提高个人的绩效和工作满意度。作为组织生产力的一部分，人们渴望而且需要受到重视。如果没有，人们就会意志消沉，并且很可能会离开公司，而公司的绩效则会受到影响。正如哲学家、心理学家威廉·詹姆斯所理解的："人类内心深处最强烈的，是渴望被别人欣赏。"甚至 C 级员工也需要对自我价值的肯定，借助肯定的力量，他们会变成另一个人。

在我们的调查中，考虑离开当前雇主的受访者有三分之二认为，"感觉不受重视"是离开的原因之一（见图 6-1）。另一方面，受到公司肯定的员工说，他们对工作更加满意，而且更不容易离开公司。

区分和肯定二者构成了管理员工的伦理。对很多公司来讲，这与他们熟悉的伦理大相径庭。

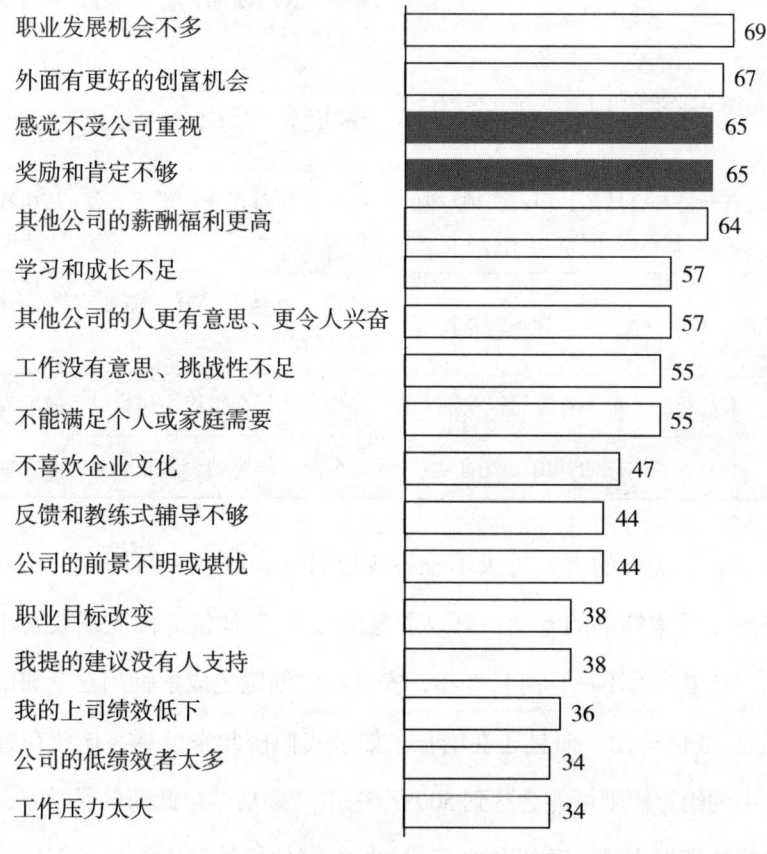

图 6-1　感觉不受重视是员工离职的一个重要原因

资料来源：McKinsey and Company's War for Talent 2000 Survey, middle and senior managers.

大力投资 A 级员工

安进公司的实验生物总监比尔·波义耳非常了解 A 级人才的价值。几年前，安进与几个竞争对手同时开发一种帮助透析患者治疗贫血的新药。"我

	旧伦理	新伦理
	我们对所有人公平投资	有些人更有才能、绩效更好，我们据此做出相应投资
	我们给绩效最好的员工的奖金比一般员工多一点点	我们给绩效最好的员工很多奖金
	我知道查理是C级员工，但我必须对他负责，他已经在公司工作15年了	我们必须对在查理手下工作的20名员工负责
	经理不需要赞扬	经理与其他人一样，需要知道公司对他的评价
	有品德的经理不在背后议论别人	经理有责任在组织中讨论其下属的表现
	一视同仁的赞扬会激励大家	区分员工将驱动个人和企业的业绩增长

们有一群非常优秀的人，每天不分昼夜地研究。最后我们只领先几天拿到了红细胞生成素针剂的专利，打败了竞争对手。"他说。由高绩效人才组成的团队，结果多么不一样呀！今年，安进的红细胞生成素针剂在全球市场的销售额是20亿美元，而且还在增长。如果我们按此来推算，该药在整个产品周期中的销售额则可能会达到500亿美元。"成功推出此药的科学家，是行业中最好的那群人——顶级科学家，"他说，"他们的努力为安进创造了非凡的商机。"

毫无疑问，A级员工大大推动了公司业绩的增长。因为他们创造了最大的股东价值——不管是直接的，还是通过他们的能力激发和驱动了别人——所以我们要对他们进行相应的投资。业绩优异的公司就是这样做的，如图6–2所示。为了把才华出众的人才留在公司，你应该想尽一切办法让他们感受到重视，让他们满意，甚至是取悦他们。

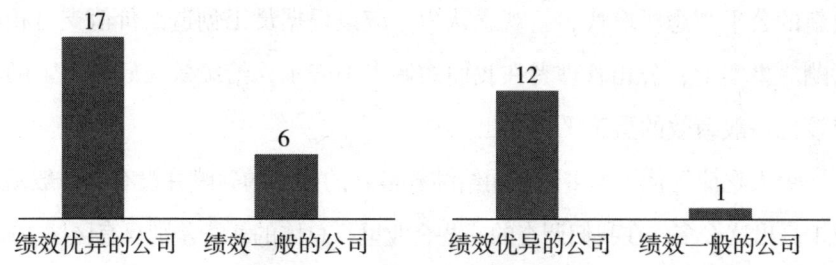

图 6-2　区分和投资 A 级员工

资深来源：McKinsey and Company's War for Talent 2000 Survey.

弄清楚他们未来最可能做什么，然后为他们设计这样的职业方向，并让他们担当类似的职责。解决所有可能将他们拒之门外的问题，比如令他们头疼的老板，或者出差太多使他们不堪重负。考虑给他们每个人配一名导师，不仅帮助他们成长，而且帮助他们解决所有可能导致他们离开公司的问题。

我们应该尽可能地加快 A 级员工的成长速度，既要让他们留下来，又要让他们发挥最大的能力，为企业做出贡献。A 级员工需要富有挑战的工作，这样他们的能力才能提高。我们可能会认为大部分公司都会这么做，然而在我们的调查中，只有 23% 的经理肯定地认为，其公司给予高绩效者的成长机会比一般人更好。

要定期找 A 级员工谈话，对他们的优点和需要提升之处做出坦率而肯定的评价；给他们提供具有指导意义的、使他们精力充沛的教练式辅导，并把最好的导师分配给他们。因为最好的导师很稀缺，所以一定要让他们把时间花在最有发展潜力的人身上。

区别对待员工的成长机会还远远不够，还必须区别对待员工的薪酬。不幸的是，大多数企业为 A 级员工做得不够。在我们的调查中，只有 15% 的经理认为，高绩效者在公司里拿到的钱会比一般员工多出 20% 以上。

传统的内部公平观念——给所有做同样工作的人发同样多的钱——已经被新的公平观念所取代，新观念认为，应该根据员工创造的价值支付相应的薪酬。事实上，公司管理者在我们的调查中表示，给绩效最好的员工的薪酬应该比一般绩效的员工平均多出 42%。

令人吃惊的是，大多数公司给绩效最好的员工的薪酬并没有比一般绩效的员工高出这么多。在我们调查的一些企业里，总体的薪酬差别只有区区 10%。

给 A 级员工多发些薪水不一定会引起员工之间的争斗，也不一定会形成个人英雄主义文化。区分的程度、个人激励与团队激励的结合，将决定你是创建一种基于团队的文化还是创建一种基于个人的文化。比如，基于团队的文化在薪酬方面可能存在较大的差异（取决于个人的才能和贡献），根据团队或公司的绩效确定激励性薪酬。每个公司都应该明确哪一种文化更适合自己。

总体来说，要记住，A、B、C 级员工都一样需要关注。这一点很重要。"传统的智慧是：'你已经有非常优秀的人为你工作了，所以你不必为他们操心。'"美国海军陆战队上校罗伯特·E.李解释说，"但是新秀更需要引导，他们更需要你的领导力。他们总是向你发问，不停地思考，而且总是有新点子。他们挑战你！但这正是领导者成长的最好方式。如果你不在最好的员工身上花时间，你将失去他们。"

这正是惠普和宝洁分析其"遗憾的损失"时学到的教训：很多员工离开公司时并不知道他们受到公司领导的高度重视。这是一种令人遗憾的人才流失方式。

培养不断做出贡献的 B 级员工

在努力投资 A 级员工时，也不要忽略人才库中接下来那 60%—70% 的人——使公司日复一日地运转的人——可靠而稳重的 B 级员工。他们可能不像 A 级员工那样突出，但没有他们，公司就会陷入瘫痪。你不能只凭 A 级员工就建起人才库。

"真正的人才观念是贯穿整个组织的，"安进的人力资源负责人依拉娜·麦斯金提醒我们，"要把资金投给公司所有部门中的重大贡献者——那些展现出快速学习能力的人和已经做好准备并且渴望成长的人。他们是从投资中受益最大的人，而企业也会从他们身上获得最大的回报。"她补充说，"我最大的愿望是让整个组织中的核心贡献者雨露均沾，而不能只培养和肯定超级明星。"

对 B 级员工，目标是提高他们的能力，激发他们的活力，并通过适当的投资留住他们，培养并肯定他们。

培养 B 级员工可以提高他们的生产效率和满意度，并帮助其中一部分人成为 A 级员工。要鼓励他们、帮助他们提升自己，并时不时地评估他们，看看他们是否取得了进步。把所有绩效一般的销售代表的年销售额提升 3%，意味着什么？或者工厂经理把生产率一年提升 2 到 4 个百分点，又意味着什么？很显然，价值创造的潜力非常可观。

所以，一定要满足 B 级员工的发展需要，给他们有益的、诚实的绩效反馈和教练式辅导。肯定他们的长处，坦率指出其不足，并对其进行教练式辅导，使一些人有动力和能力成长起来。要让他们知道，当前的职位只是帮助他们迈向新台阶的第一步。通过向他们挑战、让他们承担更大的责任，来显示你对他们的信心。天主教修道院康塞普申修道院的座右铭在这方面给了我们很大的启示："如果你相信并关注其成长，山中的紫罗兰也能冲破岩石的束缚。"

还要有意识地努力肯定 B 级员工——让他们知道自己受到重视，他们的贡献得到认可。我们必须承认，给 A 级员工更多的机会和更多的薪水，确实会有让 B 级员工的满意度和驱动力下降的风险。然而，下面所列的肯定员工的方法，有助于驱动和激发踏实的贡献者，并能抵消任何潜在的下滑。

- 向员工表示真诚的兴趣和关心，并告诉他们有人重视他们。告诉他们你是怎样看待他们的，不要因为你没有告知他们对公司的重要性而使他们离开公司。"我认为，这将归结为一个非常简单的原则：你必须有一个真正关心员工及其事业的领导团队，"乔治亚太平洋公司的史蒂夫·麦克亚当说，"相信我，你不能假装关心别人。"

- 认真并聚精会神地听他们说。从内心认同他们，耐心而满怀敬意地回应他们。倾听员工的谈话并按照他们的建议去做，会让他们感到自身的价值得到了肯定。就像艾睿电子前首席执行官、现任董事长史蒂夫·考夫曼所说："我必须学会用耳朵倾听，而不是用嘴说话。"大多数公司在这方面做得不好，但问题是可以解决的，早餐、午餐、社交集会、行政会议、走廊里的谈话——所有这些场合都可以派上用场。和你的员工谈话，毫不设防地倾听他们真正想说的。

- 赞美他们突出的优点。找到员工个人非常擅长的领域，然后告诉他们——还有其他人——你是多么欣赏他们独特的优点。珀金埃尔默公司的格雷格·萨米在这方面就非常擅长。一个为他工作的经理评价说："格雷格会在众人面前歌颂你，让你感觉自己像一个明星。他对每个人都这样，使你觉得自己很棒。随后，当他和你说为了提高绩效，你有3个方面需要改进时，你就比较容易接受了。"

- 认可他们在新岗位上取得的成绩。把员工分配到可以满足其专业成长需求的岗位，以此表达对其工作的认可，同时也表达了对他们做出更大贡献的期望。当然，也有其他的办法表达对他们的赞赏。例如，艾睿电子每年都会派50名经理到哈佛商学院接受为期3天的培训，包括教授讲课和与艾睿高层领导的会谈。参加培训的人有三分之一是A级员工，其余的则是有培养前途的B级员工。对A级员工来说，这意味着他们即将登上领导岗位，他们受到了重视。对B级员工来说，这意味着他们表现得不错，他们对公司的贡献得到了赞赏，而且公司相信他们还有更大的潜力。

- 信任他们。用语言和行动表达对他们的信任，根据其潜能，给他们做决策和行动的空间。向他们公开分享有关企业的信息，这样他们才有充分的信息做出决策。
- 根据贡献支付丰厚的薪水。是不是有的销售人员业绩很好却当不了经理？如果是，把这些人划分为 B 级员工，然后确保他们得到与其贡献匹配的丰厚薪水。

对 C 级员工果断采取行动

C 级员工通常是一些业绩最难以接受的人。C 级员工按部就班，很少有什么大胆和创新的想法。他们也很少给人启发，没有人嚷着要与他们一起工作，也没有人从他们身上学到了什么。

C 级员工不是坏员工。很多 C 级员工在公司里很努力地工作，甚至竭尽全力。有些人可能以前业绩还很突出，但是由于技能老化，跟不上快速的变化了。他们也许会在另外的岗位上成为 A 级员工或 B 级员工。

每个人都知道公司里表现不好的经理是谁，每个人都知道他们做不出什么贡献，还拖累团队里的其他人。

对 C 级员工，目标就是帮助他们成为 B 级员工（甚至是 A 级员工），或者把他们调离岗位。有时候，这意味着帮助他们表现得更好。在其他情况下，这意味着把他们调到一个可以胜任——甚至可以大放光彩——的岗位。还有一些时候，这意味着要请他们离开公司。

C级员工的巨大隐形成本

当C级员工被留在领导岗位时,他们就是公司的成本,而且也是其下属的巨大成本。让绩效不佳的人离开岗位,在感情上会带来很大痛苦,也会花费一定的管理时间,这一点我们不能忽视。尽管如此,不把他们弄走的隐形成本更大。

C级员工当不好领导。在我们的调查中,有58%的受访者说他们曾为绩效不佳的领导工作过。这些人中大约有80%认为,这种经历使他们学不到东西,阻碍了职业发展,也使他们不能为公司的业绩做更大的贡献。有85%的人说这使得他们想离开公司。如图6-3所示,保留C级员工会造成恶性循环,因为当上老板的C级员工不会开发下属,不会树立良好榜样,不能提高生产效率,也不能激励身边的人。

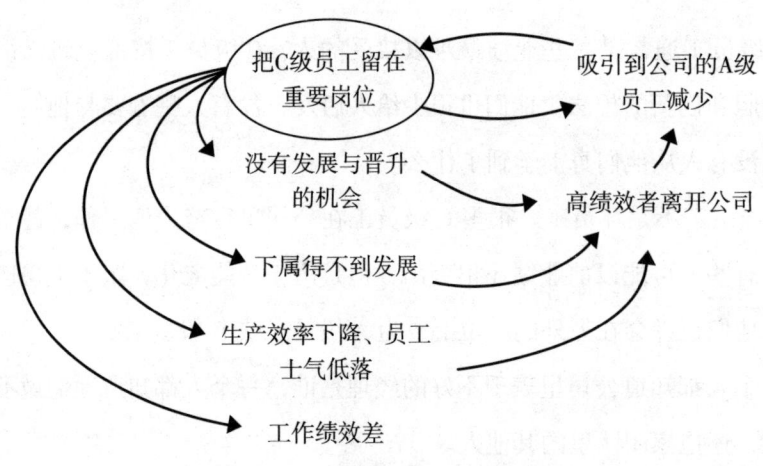

图6-3 保留C级员工会造成的恶性循环

C级员工还吸引其他的C级员工。网景联合创始人马克·安德森直率地说:"我们在网景招人很快,结果有的团队都是超级天才,而有的团队则都不是,这主要看经理是谁。如果你招对了经理,那个团队也会非常优秀。如果你招了一个很差的经理,那么整个团队都会很糟糕。我们把这叫作武大郎开店：糟糕的经理会招聘更糟糕的员工，因为他们害怕有人在某方面比他们强。"

如果领导者不能对绩效差的人采取行动，其他员工就会认为公司管理不善。对企业管理水平的判断是员工价值主张的重要因素，也是工作满意度的组成因素。

最后，把C级员工而不是A级员工配置到岗位上，还有其机会成本。如果经理是A级水平，他所创造的价值远远大于C级水平的经理所创造的——这在我们研究的案例中要高出80%—130%。只要能把一半的C级员工换成A级员工，就会对组织的绩效产生重大的影响。

为什么不能动呢？

几乎所有人都希望能对低绩效者采取措施，但大多数企业却没有。（见图6-4）

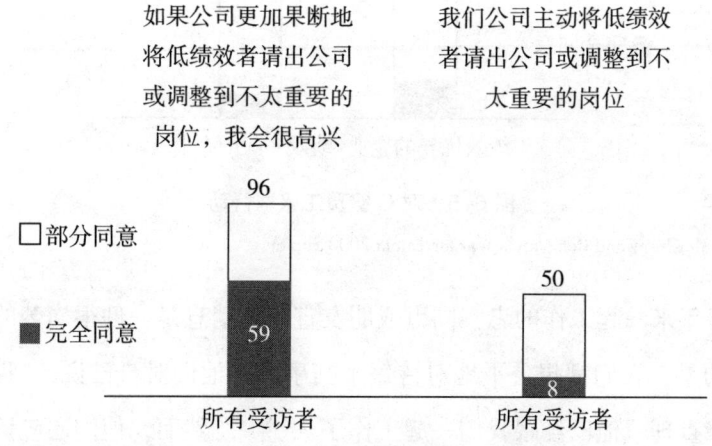

图6-4 对C级员工没有采取足够的行动

资料来源：McKinsey and Company's War for Talent 2000 Survey.

管理者和经理们能说出很多理由，不对低绩效者采取行动。有的说他们对自身的能力不是很自信，害怕对别人的评判出现偏差；有的则怀疑自己的技能，害怕批评别人反而会引来别人对自己的批评。有些人相信所有人都会成长起来，还有一些人则说那样对人不尊重。有些人害怕自己找不到更合适的人接替，还有些人害怕法律纠纷。

这些都是实际问题，但都不是最大的障碍。根据我们的研究，不采取行动的最主要原因是，经理不愿意开除或调离那些对企业做出过贡献并且曾达到预期的人，或者那些与他们一起工作了多年的人。然而，绩效优异的公司对C级员工采取了更多的行动，如图6-5所示。

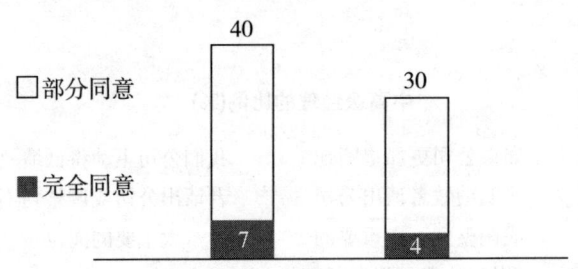

图6-5　对C级员工采取行动

资料来源：McKinsey and Company's War for Talent 2000 Survey.

向多年来一起工作的忠实同事或朋友宣布坏消息是一件很痛苦的事。可以理解的是，人们都想公平地对待每个当事人。他们对自己说："我们要公平地对待查理，他已经跟我们一起工作了15年。"然而，他们还应该这样考虑："我们也要对查理手下20个能干的员工负责——把查理辞退或者调到别的地方。"

第6章 区分并肯定员工

惠普的一位高级总经理黛布拉·邓恩几年前曾告诉我们:"我觉得没有比让一个人离开工作岗位更失礼的事情了。他们在工作中得不到同事的尊重,被认为不成功,很可能连自尊心也受到了伤害。这时候我们戴着尊重的面具去和他们说请他们离开,我觉得挺可笑的。"

因为处理C级员工很费力,甚至令人动情,很多领导者在做这些事时变得麻木了。最近发表在《财富》杂志上的一份研究报告指出,首席执行官失败的最主要原因是不能处理好绩效欠佳的下属的问题。一位首席执行官承认说:"事情显而易见,但我却视而不见。"作者查兰和科尔文总结说:"做不到是情感力量的原因。"

两种方法

对C级员工采取行动的最好方法是什么?在通用电气、联合讯号、珀金埃尔默和海军陆战队,绩效不佳者在接受反馈和教练式辅导后,会有足够的时间来改进和提高。如果他们反应迟缓,领导者会给他们一个过渡期,直至C级员工离开公司。这些公司认为,他们的业务发展得太快,这些人赶不上也跟不上。他们并不认为应该把这些人分流到公司里的其他岗位。他们还认为,越早将绩效问题告诉他们,对所有人都越好。他们觉得,长期来看,这是最具有同情心的做法。

在其他公司,包括英特尔、艾睿电子和家得宝,一个曾经业绩突出的员工,如果绩效欠佳,则会被横向调动或被降级,这样他至少还可以达到一般的绩效水平。比如在家得宝,陷入困境的区域经理可能会被调回,继续做门店经理,这样他们还可能做得不错。对于那些降级后绩效仍不能达标的人,公司则会干脆让他们离开。

在艾睿,公司会想尽办法帮助绩效欠佳的人找到更合适的岗位,这样他们还能为企业创造价值。信息技术副总裁艾伦·纳皮尔相信大多数人确实想把工作做好，经理有责任给他们找一个合适的岗位。纳皮尔说："当一个人确实想做好一项工作，并且已竭尽全力，但仍然失败时，我一点儿也不会看低他，因为他通常是被放错了位置。我花了很多时间与我的下属交谈，了解他们，这样，当他们遇到困难时，我一般都可以帮到他们。我们会在办公室里坐下来，然后给他们在艾睿找到一个更合适的岗位。当我们交谈后走出办公室时，我们都会面带笑容，因为他们已经放心了。之前，他们也感受到了难以置信的压力。"

当然，对于有多少人可以降职或让出位置，这是有限度的，而且必须小心处理。对经理降职，一定要注意为其保留尊严。例如，当家得宝把区域经理调回做门店经理时，就经常把他们调到新的区域，这样他们的窘境就不那么引人注意。

我们还要知道什么时候应该放手。珀金埃尔默首席执行官格雷格·萨米说，有好几次他意识到花了太多时间去挽救低绩效者。"每次我做出人事调整，我都想，如果这事做得更早一点就好了。"他说。

戴着"天鹅绒手套"的铁腕

对 C 级员工采取果断行动需要铁腕，还需要"天鹅绒手套"措施。没有铁腕，领导会倾向于逃避采取这种困难的行动。没有"天鹅绒手套"措施，过程就可能会冷酷无情，令人颜面扫地，从而影响士气。这样一来，经理就更不愿意采取行动了。

下面是一些铁腕措施：

- 要求经理找到 C 级员工并处理好他的问题。没有人愿意直接面对一个绩效不佳的人，忍受一个低绩效者远比把他调到另一个部门容易得多，哪怕他或她已经陷入困境。

- 评估低绩效者时，一定要有几个高级管理人员参与，这会确保评估更准确，也能增强其顶头上司的自信与决心。
- 让经理定期地轮岗。新来的经理会用新鲜的眼光看待员工，也更容易对低绩效者采取行动，因为他或她在个人感情上离这些人很远。
- 教会准经理如何管理低绩效者。当他们晋升到经理岗位时，这可以作为正式培训的一部分，或者以上级领导教练式辅导的形式进行，或者在发生具体事件时由人力资源经理来辅导。

下面是一些"天鹅绒手套"措施：

- 定期对每个人进行坦率的反馈。决定让某人离开或靠边绝不能搞突然袭击，当事人应该多次得到坦诚的口头反馈和每年一次正式书面反馈，工作中不断讨论。这样做至少可以保证他们了解他人对自己的评价，尽管他们可能并不认同。
- 在员工还没有离开岗位时，就给他们时间寻找下一个工作，不论是在公司内部还是公司外部。当新工作安排好后，员工就可以宣布他要去新的岗位了。
- 给员工提供顾问（既有职业顾问也有私人顾问），帮助他们在工作调整过程中尽可能地保持自尊。
- 缓解收入的变化带来的压力。公司提供慷慨的离职补偿，这可以缓解不良情绪，减轻离职造成的短期经济负担。

当然，开除任何人都有法律风险。我们可以管理这些风险，但不要试图完全消除。咨询人力资源经理和律师，确保程序客观公正。把离职补偿与放弃诉讼的协议捆绑在一起。一定要让人力资源经理明白，他们的职责是促进而不是阻止低绩效者离开。人力资源部应该提醒领导者按承诺的计划行事，向他们提供建议，并安排员工获得离职补偿和求职服务。

最后，当你的决心动摇时，想一想你的上任给你留下的那些绩效不佳的人吧，千万不要再把低绩效者留给你的下任。

莱斯利的等级划分

利明特公司的首席执行官莱斯利在处理 C 级员工时，陷入了道德问题。莱斯利决定把向他直接汇报工作的员工分成 3 部分或者分成不同的等级。"我问自己，我真想这么做吗？这么做人道吗？公平吗？"莱斯利回忆道，"毕竟所有人生来平等，我怎么能把他们分成 A、B、C——顶层、中间层和底层呢？有关职业生涯的决策涉及他们对家庭的责任，做出这些决策很困难，特别是负面的决策。"

莱斯利不安地思考着这些问题，终于他想清楚了一些，略感安慰。"当你走上领导岗位后，你就会在道德基础上做出这些决策。"他解释说，"不管你是在国有企业还是在民营企业，你都要承担一个股东的责任。从道德上讲，我可以说，如果我不对那些阻碍企业成功的人采取严厉的措施，那我就是把 15 万或 17.5 万需要我领导的人置于风险之中。对我来讲，领导这场人才战争的道德命题就是：如果你不能打赢人才战争，你就会成为人才战争的牺牲者。"

当莱斯利想通了这些道德难题后，他决定采取行动。"我的第一个决定就是看着最下面一层，然后说：'这是发展问题吗？这是价值观问题吗？这是技术或才能问题吗？'"他说，"对底层的大多数人来说，他们的判断是：没有希望了。分层使我看到，一些位于中层的人很有潜力。例如，某个人肯定是有才能的，但由于某种原因，他没有得到必要的成长机会。"

莱斯利认为，必须真正关心你负责的那些人，他们必须真正地感受到你的关心。"你必须告诉他们你对他们的真实看法。"他解释说，"我认为，当一个差领导很容易，因为差领导相信乌托邦。每个人都很出色，每个人都会提高，股价会以130%的速度永远涨下去。但是与此相反，优秀的领导的观点是前后一致而公正的。区别在于你在人才战争中所做的决策，你必须接受世界一直在变的事实。突然之间，你就要做出正确的道德判断，而这却与贪婪和痛苦无关，甚至与业务无关。这关乎你对所有下属的责任。"

执行稳健的人才评估流程

区分和肯定员工要靠洞察力和稳健的评估流程。本书不是一本关于人力资源流程的书，但有一个流程必不可少，就是稳健的人才评估流程。有效的人才评估流程是杰出人才管理的支柱。

人才评估流程非常重要，我们将其描述得比较细致——包括目的、参与者、对流程的感受以及结果。对管理良好的公司来说，有效的人才评估流程就像财务预算一样重要。但是，大多数公司远没有形成应有的人才评估流程。一个健全的评估流程应该根据卓越领导力的高标准来评价员工，这应该作为岗位分配机会、薪酬和晋升的基础，而且公司的领导者应该借此判断出每个部门人才储备的规模与质量。

人才评估流程不同于传统的绩效评估。绩效评估是每年发生在上级与下属之间的，而在人才评估流程中，领导力小组审查每个单位的人才储备，以找出绩效最好和绩效最差的人，并决定如何加强组织的人才储备。

传统的继任计划并不奏效

大多数公司都有继任计划，但大多数情况下并不奏效。各部门的总裁和首席人力官通常每年去一次总部，待上半天。他们提交一份用颜色标注的图表，给不同职位安排后备人选。他们讨论可能的继任人选，并依次展示图表。整个过程一团和气，基本上没有人会提出尖锐的问题或挑战展示者，因为他们不知道说的人是谁，而且这些人也不大可能会流动到自己部门。或者他们觉得，如果提出不同意见，就会显得不礼貌。总之，这种会议没有坦率的沟通，所以产生了很多往往不适合填补空缺的继任者的名字。

传统的继任流程与稳健的人才评估流程有3个主要的区别。首先，稳健的人才评估是在各个部门召开全天会议，由公司总裁和高级人力副总裁主持。他们先与部门总裁讨论管理团队的情况，然后再与管理团队见面，讨论他们的直接下属。在一天会议结束时，他们已讨论了50名以上经理的情况，还讨论了一些新涌现出的高潜力人员。

其次，人才评估是对着人员名单一个接一个地讨论，同时评估该单位整体人才储备的强弱。参与者讨论每个职能部门和每个区域的人才实力，然后讨论多元化、招聘标准和保留等关乎全局的问题，而这些都是各个部门的业务目标的一部分。

传统的继任计划	稳健的人才评估
每年在总部举行一次为期半天的会议	在每个单位召开一整天的现场会议
讨论可能的继任者	讨论在任者的素质
评估个人	评估个人，也评估每个部门人才储备的强弱，而且讨论诸如招募和保留等其他问题
礼貌的、参议员式的演讲	认真而坦率的辩论
没有评估标准	将员工分等级
缺少经过批准的行动计划	形成书面的行动计划，并监督各部门执行
每年一次的纸上谈兵	与财务预算流程一样重要和严谨，实行真正的问责制并聚焦于绩效

最后，评估会议具有明确而清晰的加强人才储备的目的，从而提高企业绩效。讨论是开放和坦率的，并形成明确的行动计划来提高个人和部门的水平。参与者要果断、及时地对人才做出艰难的选择，同时又要保持足够的尊重。

图6-6显示了有效人才评估流程的主要特征，而且绩效优异的企业做得更好一些。

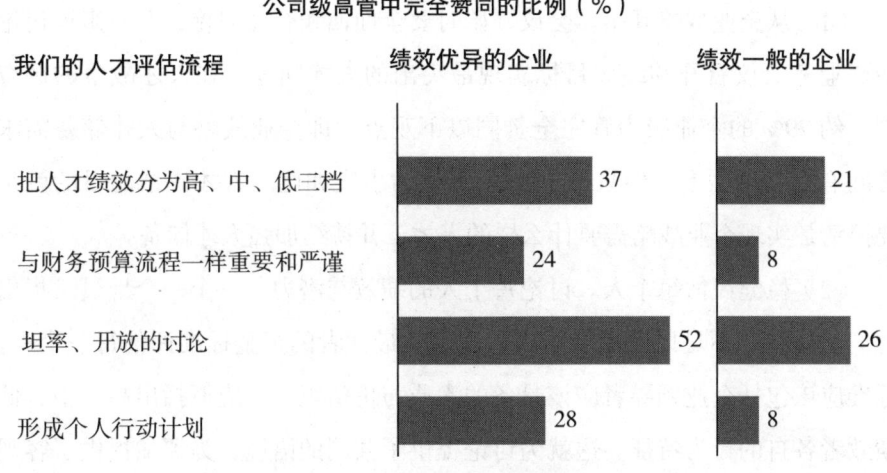

图6-6　有效人才评估的显著要素

资料来源：McKinsey and Company's War for Talent 2000 Survey.

说到底，人才评估的目的并不是评估人、给他们分级，或把他们的名字填到表格里，尽管这些事都要做。人才评估的目的是找到一群人，让他们以全新的方式行事，从而大大提高公司过去"一如既往、符合预期"的绩效；目的是为人们找到与众不同、突破常规的方法，使人们认识到人才所能创造的价值，并让人才把能力发挥到极致；目的是对一系列关于人才配置与人才发展的决定与行动充满信心与热情，相信这可以使公司业绩达到新的高度；目的是建立比竞争者强大的管理人才库；目的是在市场上取得胜利；目的是绩效！

想象一下，人才评估像严格的财务预算一样严谨，而不像大多数企业原有的人事流程；想象一下，在稳健的人才评估流程中，所有人都认真、专心地关注绩效；想象一下，这样稳健的人才评估会给你的企业带来什么!

人才评估流程必要的元素

人才评估主要涉及两个方面：一个是个人水平，一个是单位水平。人才评估的细节因企业而异，但有几项因素是人才评估流程必须包括的。

（1）从企业战略开始。会议开始时要全面回顾企业目标，并严肃地讨论妨碍业务会议召开和绩效目标实现最突出的人才问题。在人才战争的调查中，约79%的企业级高管完全赞同以下观点，即企业战略与人才储备需求之间有密切的联系，但只有10%的人认为事实如此。人才评估的目的就是要搞清楚实现企业战略需要什么样的人才，并持续加强人才储备。

（2）稳健评估每个人。讨论每个人的绩效与潜力，一个一个地过。指出他们的优势、不足以及发展需求，用绩效最优者的黄金标准评估每一个人。标准应该包括企业领导者应该具备的素质与价值观，并应概括出高、中、低绩效者各自的行为特征。这就为讨论提供了共同的语境，为评估提供了客观的标准。

对每个人都要进行公开的、深入的、无拘无束的讨论。要特别关注A级人员和C级人员，还有那些评估结果有争议的人。

会议上至少要有1—2人对每个人都非常了解，这样评估讨论才能顺利进行。如果没有，就要在下一次评估时精心策划，找到这样的人。正确的判断固然重要，但要想做得完全客观是不可能的。虽然我们要根据事实和客观标准来评估人才，但最终还是要依靠人的良好判断，甚至是一些主观判断。提高评估质量的最好办法就是综合几个人的观点。

（3）严格划分员工绩效。把40—60名需要讨论的员工的名字写到一张等级划分表中，强制分成A、B、C三级。可以用五等分的正态分布法，或者用其他事先确定的比例把人才划分成不同的类别。人员数量要足够多，至少40人以上，这样才能形成一个合理的正态分布。要根据不同类别进行强制性划分，但不要试图对每个人都精确排序，否则，你会陷入毫无意义的讨论之中，纠结于某个人应该排序23还是24。要把人员分成3—5个大的等级，这样才管用。

要用简单的评估工具，越简单越好，而且要根据具体需求调整工具。一个有效的工具是绩效/潜力矩阵，如图6-7所示。当所有部门都使用同样的人才评估标准，进行同样的等级划分时，企业就能在整个组织范围内统一评估口径。

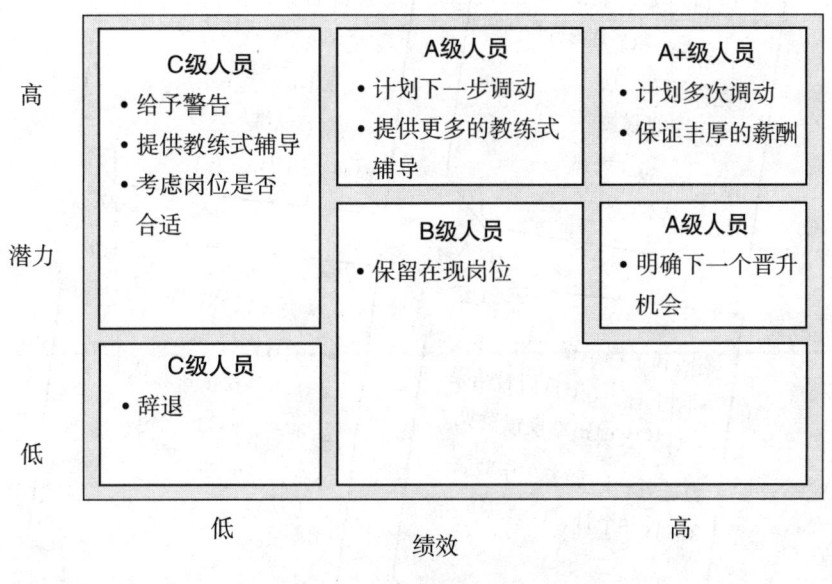

图6-7 绩效/潜力矩阵

还可以运用另一个矩阵，一轴显示绩效，另一轴显示价值观。你也可以像太阳信托银行那样自己设计，他们把最优秀的200人分成4个大的级别：大市场开拓者、小市场开拓者、保持者和陷入困境者。

（4）为每个人制定行动计划。对每个人进行评估，对即将采取的具体行动作出决定，目的是确保经过讨论，员工的职业发展会产生切实的变化。不需要为每个人都做一份长期的发展计划，但至少要让五分之二的人就行动计划达成一致。图6-8列举了一系列可以在人才评估后采取的行动。针对相应的人群立即采取行动。

图6-8 为每个人制定行动计划

（5）评估每个部门人才的整体水平并为其制定行动计划。个人评估完成以后，讨论各部门的人才的整体水平。其职能有多强？每个区域呢？阻碍该部门发展的人才问题是什么？该部门的招聘、员工开发以及绩效最优人才的保留工作是好还是差？绩效不佳的员工清理了吗？需不需要讨论多元化或员工调查满意度低的问题？商定未来一年将采取的一系列措施，以加强人才储备，其中包括从每个人的评估结果中得出的总结性措施。简单举几个例子，比如"招聘两个副总裁级的人""替换掉 5 名绩效欠佳的人"，或者"跨部门轮岗"。还应该包括针对更多问题采取的措施，比如提升员工价值主张、加强某一职能、制定新的招聘策略，以及运用保留技巧等。

在人才评估结束的时候，写下一份 3—5 页的计划书，列举该部门将采取的提振弱势的措施（见图 6-9）。

（6）责任与跟进。让领导者负责推动行动计划的实施是十分必要的。每个季度及年底，每个领导者都必须评估他或她是否将承诺付诸实施，领导者的上级也应该如此。人才储备是否加强了？领导者是否对绩效欠佳者采取行动了？不必要的人才流失减少了吗？

大多数公司没有人负责建立人才库。责任意味着能够兑现承诺的人会得到一定的奖励，不能兑现承诺的人也会有相应的惩罚。责任要求跟进。

举行正式的会议跟进行动计划，这是公司季度经营评估的一部分。每周也要跟进，非正式地询问具体行动的进展。每一次通电话也是推动该单位实施人才计划的好机会。

谁是被评估者，谁是评估者

应该评估组织中哪个层级的人才？如何汇总？谁应该参与评估？每个参与者应该扮演什么角色？应该评估谁？让我们试着简要回答这些问题。

评估层级及结果汇总。每个经营单位都应该进行人才评估，具体人数取决于企业的规模、业务部门及职能部门的数量，以及领导者进行人才评估

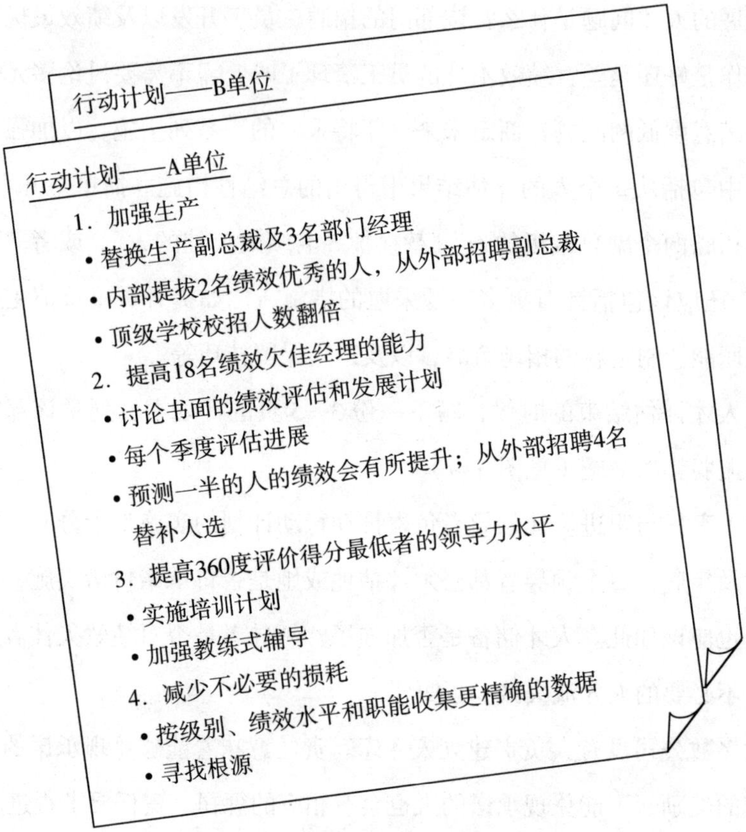

行动计划——B单位

行动计划——A单位

1. 加强生产
   - 替换生产副总裁及3名部门经理
   - 内部提拔2名绩效优秀的人，从外部招聘副总裁
   - 顶级学校校招人数翻倍
2. 提高18名绩效欠佳经理的能力
   - 讨论书面的绩效评估和发展计划
   - 每个季度评估进展
   - 预测一半的人的绩效会有所提升；从外部招聘4名替补人选
3. 提高360度评价得分最低者的领导力水平
   - 实施培训计划
   - 加强教练式辅导
4. 减少不必要的损耗
   - 按级别、绩效水平和职能收集更精确的数据
   - 寻找根源

图6-9 为每个单位制定行动计划

的能力。如果一个事业部有好几个单位，就需要把事业部中所有单位包括进来，形成一个整体，并在此层级上进行人才评估。

首席执行官和人力资源高级副总裁应该到每个单位，一天花上8—12个小时，讨论该单位的人及人才储备水平。通用电气公司就是这样评估其20个事业部的，太阳信托银行评估其30家银行，利明特公司评估其所有品牌和企业总部的职能部门。评估通常是每个单位一天，由首席执行官主持会议。

把对每个单位的评估结果汇总到一起，形成对整个企业的判断。这一系列的综合评估，可以使企业在整个公司范围内统一评估标准。

在小企业，一次集中评估40—100名经理是合适的。

参与者与角色。我们提到首席执行官和人力资源高级主管要参与评估，他们的参与实际上非常有必要。首席执行官要对人才评估提出期望，要求大家坦率，并解释为什么要坦率。首席执行官还要推动参与者为绩效优秀者承担风险，对绩效欠佳者采取果断的行动，并对所有人的领导力水平都采用同样严格的评估标准。

人力资源高级主管应该在讨论中要求大家坦诚和深入了解。为了发现人才开发的机会，他应该密切关注核心岗位和特殊项目。他还应该记录评估结果和行动计划，并为高潜力经理的安置提供创造性的解决方案。

各经营单位的业务经理和人力资源经理也应该参与评估。经理们应该对自己的直接下属进行初步评估；通过评估这一机会，了解他们视线之外的本单位人员；向同事寻根问底，以真正了解被评估者的优点、缺点和需要提高的地方；督促对被评估者进行等级划分；帮助评估该单位人才储备的整体优势与弱点；对所有后续行动负责。

被评估者。设计评估流程时，要深入企业，这样既能看到现在的领导者，也能发现未来的领导者。例如，评估的对象可能会包括一个部门经理的直接下属以及他们的直接下属，再加上10—20名刚提拔上来的新秀。通过评估这些未来的领导者，你才能保证他们比其他人更早地出现在高级管理人员的雷达屏幕上。一家大型公司的评估可能会覆盖400—800人，而一家小公司则可能只关注最高级别的40—100人。

启动

评估流程不需要达到完美才能启动，绩效最好的企业事实上倾向于"轻形式、重强度",他们聚焦于人才的重要性。他们意识到,随着进程的推进,他们的流程和评估技巧会逐渐完善。请参考澳大利亚国民银行的案例。

当弗兰克·奇库托在1999年成为澳大利亚国民银行首席执行官时,他实施了一个新的、更稳健的人才评估流程,他本人、他的6名直接下属及人力资源高级主管分别对公司100名最高级别的官员进行评估,然后他们比较各自的评估,讨论不同之处,直到得出一致的评估结果。因为他们此前从未进行过稳健的评估和分级,所以奇库托规定,把25%的被评估者列为绩效最优者,把25%的被评估者列为绩效最差者。在界定最优者和最差者的过程中,奇库托和他的同事们第一次明确了该银行领导力的定义。

把评估结果转化成行动需要一些勇气,因为有些行动与银行家长式的企业文化有冲突。开始时,做出的行动有一点"温柔",比如,给A级员工稍微涨一点薪酬,把C级员工挑出来参加特殊的培训。

然而,奇库托很快就意识到,这些措施不足以让公司走向精英体制,使绩效杰出者与绩效平庸者的结果完全不同,所以他坚持要对A级员工和C级员工采取"强硬的"措施。对A级员工采取的强硬措施有快速晋升、大幅度加薪、委派更重要的特殊任务,对C级员工采取的强硬措施有冻结工资、免职。第一轮时,只有20%的A级员工和C级员工初步同意这些措施。然而,第二轮以后,70%的A级员工和C级员工都同意采取强硬措施。这使得最高级别的100人很快就发生了变化,并向全公司传递了一个明显的信号:绩效是有用的,管理层对加强人才储备非常严肃。

奇库托和他的顶级团队旗帜鲜明地提出了自己的承诺,这是人才评估取得成功的一个重要因素。他们确保领导力提升和个人教练式辅导始于自身。在最近召开的一次高级管理会议上,奇库托看到了人才评估对公司的影响。参会的60位最高级别的管理者中,在奇库托担任首席执行官后没有变动过岗位的,只有4人。

新的开始

通过投资 A 级员工，肯定和培养 B 级员工，对 C 级员工采取行动，你可以将公司的业绩推向一个之前不敢想象的高度。开始时，可以建立一个快速而高效的人才评估流程，就像澳大利亚国民银行和利明特公司一样。你可以分别与每个业务部门的负责人会面，并就他们应该采取的 5—7 项措施达成一致，以大大加强人才储备。可以把他们 30% 的薪酬与这些措施的执行情况挂钩。此外，还可以立即以身作则，向你的同事展示你希望他们效仿的行为。

要记住，重要的不是人才评估的形式，而是对话的质量、行动计划的清晰或大胆，以及使公司业绩有明显提高的后续行动。区分并肯定员工能使公司建立起精英文化，而这正是有才能的管理者们所想要的。

第 7 章

行动起来，一年之内就要产生显著效果

在最后一章，我们将帮助你思考，如何开始建立强大的人才储备的征程。是应该从强化员工价值主张开始？从调动绩效最优者与绩效最差者的岗位开始？还是从重塑招募计划开始？

不管你从哪里开始，我们想让你知道，第一年就要见到显著效果。如果不能，你肯定没有足够大胆地考虑人才机会。如果你的行动太小心或者循规蹈矩，你的努力将付之东流，结果也就无从谈起。

赢得人才战争需要有意识的、持续的努力。你在第一年所做的事，只是万里长征的第一步。要建立强大的人才储备，就需要用一种全新的方法来看待人才和管理人才。实际上，这需要你在经营业务和履行领导职责方面作出根本性的转变。我们希望你能发现，在这样的挑战中充满了令人振奋的希望与兴奋。

令人迷失的十字路口

在本书开篇谈到安迪·格鲁夫所说的战略拐点时，我们认为，将人才作为企业第一要务就是这样一个战略拐点。令人吃惊的是，这却很容易被我们低估或完全忽视。

不管"人才战争"这个词语多么华丽，大多数企业实际上还是在这个关键的十字路口迷失了。是的，这些企业的领导者已经注意到风向变了，他们也确实承认，现在找到想要的人比以往任何时候都难。但是，在我们调查的6900名经理中，只有26%的经理完全赞同：人才在他们的公司中是第一要务。

很多企业根本不知道他们在人才战争中处于何地，他们不与竞争对手比较自己在人才市场的份额，也没有对人才流失进行深度且可行的探究。没有人告诉首席执行官诸如绩效优异者被埋没于底层、缺乏坦诚的企业文化、低绩效员工比例过高或者招聘结果不佳等坏消息，而且董事会也不问首席执行官或高级管理者，公司的人才储备是否强大。新旧人才观念本该黑白分明，但在大多数企业里却是模糊的。

人才战争其实很容易被低估。人们很容易认为，自己已经拥有足够多的人才，即使再努力也找不到更好的了，绩效优秀的年轻人离开也可以理解，不把A+级的管理者放到公司最高职位上也是明智的。人们很容易只作出一些循规蹈矩的变化（更多的股权激励、补充人力资源、开发领导力培训项目等），然后宣布他已经尽了最大的努力。人们很容易认为，在经济疲软时期不必担心人才战争。

我们要清醒地认识到，实现真正的转变很困难，需要热情、坚毅和勇气。对家得宝的亚瑟·布兰克来说，引入6名高级管理人员、将自己明升暗降、在58岁时彻底退休，一定很不容易。对太阳信托银行的菲尔·休曼来说，投资5000万美元招聘更多优秀的员工，也一定很不容易。对珀金埃尔默的格雷格·萨米来说，一年之内把10名直接下属更换了9名，也一定很不容易。对杰夫·斯基林来说，让员工可以自由流动，哪怕原来的岗位无人接替，也很不容易。

人才之事优先吗？

开始行动前，你要问自己是否承诺将人才作为战略要务。我们鼓励你思考公司的竞争优势以及人才在竞争中可以起到的更大作用。你有足够的人才实现愿景吗？加强人才储备会在未来几年提高你公司的业绩吗？我们希望你与同事们讨论这些问题，特别是与中层经理讨论，他们可能会比高级管理人员更早地发现问题的苗头。

要做一些统计。比如，最优秀中层经理的流失率是多少？现在的人才缺口有多少，两年前是什么情况？最高层级的50—500名经理中有多少可以晋升两级，有多少已经到顶了？绩效最优者的生产效率比一般绩效者高多少？

然后有意识地选择：加强人才储备是最重要的三件事之一吗？准备好花更多的时间来考虑人才问题吗？愿意为加强人才储备采取大胆的措施吗？与团队一起做出这些决策。

在绝大多数情况下，人们都会这样下决心："是的，人才必须是最重要的事之一。"但是，如果你还没有完全准备好开始重大的转变，就不要轻易下这种结论。做出轻微的、循序渐进的转变是徒劳的。第一步就是强迫自己与团队一起做出一个明确的决定。

决定从哪里开始

一旦把人才作为最重要的三件事之一，你就必须决定从哪里开始。你不可能一次解决所有的事，也不能一夜之间把糟糕的管理水平变成世界级水平。你必须搞清楚哪种变化会有最大的效果，然后大张旗鼓地去做。

在过去4年里，我们与200多家企业探讨了人才方面的挑战。我们观察到，有3种情况会促使企业认真对待人才问题：（1）当他们需要大幅提高公司业绩时；（2）当企业面临严重的招募或保留危机时；（3）当企业发现其基本的人才管理方法存在很大的缺欠时。我们必须承认，这3种情况有时交织在一起，但我们可以把27个案例企业与这3种情况对号入座。每种情况都有其急迫性与优先性，你的公司的情况可能是独有的，但看看这些企业在他们所处的情况下是如何做的，将会给你带来启发，让你知道从何处着手，从而建立强大的人才储备。

情形1：大幅提高业绩或增长速度

当企业渴望大幅提高业绩时，比如要实现一个重大的转变、使增长曲线变得更陡峭，或启动一项新业务，通常需要大力加强人才储备。在这种情况下，领导者能否直面挑战就变得很关键。他们必须采取足够大胆的措施，大力加强人才储备。例如，家得宝加强其人才储备，就是因为它想在6个新的领域实现增长；太阳信托银行需要更好、更多的人才，是因为它要将增长速度从4%提高到10%；格雷格·萨米在担任珀金埃尔默这家业绩较差公司的首席执行官时，就需要更优秀的人才；莱斯利在利明特公司确立了人才观念，是因为他原来的管理方法不管用了，而且业绩一直下滑。

在这些情况下，企业必须一边提高业绩，一边加强人才储备。提高业绩的直接措施可能包括调整产品结构、改善财务状况、优化评估系统、采取关键措施提高产品质量和生产效率或者追求效果（就像萨米在珀金埃尔默所做的那样），还有发布新产品或进入新的业务领域（就像家得宝所做的那样）。

我们肯定要提高每个单位的绩效预期，或许也要调整激励计划，但同时必须大力加强人才储备。为此，需要为组织注入大量新的人才，也可能需要替换相当数量的不能面对挑战的人，还可能需要快速培养有很大潜力的人员，让他们发挥最大的潜能。

绩效与人才建设相辅相成、互为因果：令人兴奋的商业挑战吸引有能力的人才，而有能力的人才则能应对挑战。在人才问题上不能含糊。不要以为原来的老旧团队可能奇迹般地学会新本事，也不要想象几个特殊的项目或新流程就能从根本上改变企业的绩效状况。那不可能！你必须面对人才问题。作为领导者，你必须在加强人才储备方面投入与推动绩效和重组计划一样多的精力。更优秀的人才与更好的绩效是密不可分的。

加强人才储备的第一步就是把人才配置到改善绩效最关键的位置。让人们产生新的愿望需要什么样的技巧？现有员工中有多少能达到新的绩效水平？有足够的人才来实施新的增长计划吗？哪些人是可以依赖的、能干的，哪些人会拖后腿？太阳信托银行盘点人才时认为，200名各类业务经理中，10%的人还有潜力可挖，20%的人头脑不清醒。当格雷格·萨米接管珀金埃尔默后盘点人才时，他发现，前100名经理中有80人需要替换，其中50%的替换者来自内部，另一半则来自外部。

当需要大幅提高绩效时，并不需要复杂的人才评估流程，只要能快速地判断出哪些人能达到新的绩效水平哪些人不能就很好。搜集每个人的现有信息（内在技能、过往绩效以及成就等），从三四个最有洞察力的人那里取得关于每个人的评语，然后把管理团队叫到一起来讨论每一个人的情况。使用一些诸如第6章中提到的简单而实用的方法。每6个月重复一次人才评估，逐步完善评估并持续修正行动计划。

接下来就是行动。从外部招聘能够设定新的绩效标准并带来新技能和新观点的人员。找出组织中不能面对挑战的人，并把他们清除出去；即使不清除出公司，也要让他们离开核心岗位。赋予A级员工更大的职责，把他们安排到最关键的岗位。在组织里跨越两三级提拔几个超级明星。

首先，选好前 10 名员工，然后与他们密切合作，再选好接下来的 100—200 人。如果不能选好直接下属，你将失去巨大的影响力和可信度。在最初的 12—18 个月里，就要在企业里推行这种人才选拔方法。

情形 2：遇到招聘或保留危机

有些企业面临这样的危机：招聘突然失败或人员流失到更具吸引力的地方。在这种情况下，需要大力强化员工价值主张。

太阳信托银行的米米·布里登当年就面临员工流失的危机，她不得不认真审视公司的员工价值主张。20 世纪 90 年代末期，很多咨询公司和投资银行突然发现人员大量流失到创业企业和风险投资公司时，也是这样做的。随着人才战争的持续，强化员工价值主张的需要越来越成为焦点。

首先要弄清楚高绩效员工为什么离开，以及为什么新招聘的候选人会拒绝入职。为了找到员工离开的原因，布里登亲自与离职人员面谈。同时，她还分析谁要离开，他们去哪儿以及公司里哪些部门流失的人最多。要研究清楚公司的员工价值主张在哪些方面吸引人，哪些方面会使人离开。要像思考市场问题一样来思考人员流失问题和招聘问题，认真分析潜在的候选人需要什么。评估竞争对手的员工价值主张，并弄清楚你公司的员工价值主张如何与其展开竞争。

要决定在哪方面强化企业的员工价值主张。第 3 级通讯公司决定把公司搬到科罗拉多，西诺乌斯金融则建立了一个有影响力的、以人为本的企业文化。要想对目标人群产生不同凡响的激励作用，就要建立一套超常规的薪酬体系。要像布里登那样，做好准备，改变做事的方法，走出舒适区。

情形 3：缺少人才管理方法

一些公司意识到了人才的重要性，但他们却发现自己没有健全的人才管理方法。他们可能有能干的人，业绩也不错，也有很好的增长预期。他们凭直觉认为，人才是未来企业取得成功的驱动力。但是，他们的人才管理方法并不适合或者根本没有。通常，这些企业在某个领域很成功，但他们想登上新的舞台。有的企业是中小企业，但已经露出成为更大规模的企业的苗头。这些企业通常没有稳健的人才评估流程或者真正的招聘策略，也没有教练式辅导或轮岗培养之类的规范的人才开发方法，更缺乏机制保障绩效优秀的人得到充分的肯定和激励。

在这种情况下，企业可以从4个步骤开始。第一，将人才与企业战略联系到一起，找出两者之间的差距。例如，安然就大大加强了初级员工的招聘，安进公司也确定了各职能部门之间的差距。第二，更加重视人才开发。例如安进，尽管它已经拥有很多人才，但还是大张旗鼓地开发人才。首席执行官凯文·萨拉尔发现了20名明星，为了开发他们，他对他们进行了一系列的调动。家得宝则启动了360度评估，以确保每位经理都能了解自己的优势与弱点。

第三，建立一些简单而稳健的人才管理流程。安进和家得宝等都有人才评估，以书面形式开诚布公地评估绩效。这些公司也都使用360度评估，并努力进行领导力培养。这正如萨拉尔所说："把人才管理的必修功课做好有非常大的杠杆作用。"

第四，在这种情况下，企业应该开发强大的人力资源职能。家得宝、安进等在全公司范围内加强了各自的人力资源职能，因此每个部门都有一位强有力的人力资源专员，而不是技术人员。业务经理与职能经理当然必须推进人才管理措施，但一个高效的人力资源组织也很有帮助。

可能是因为有些企业是热门行业里的热门新秀，他们不费吹灰之力就吸引了大量人才，因此他们容易认为，人力资源部的职能和人才管理毫无价值。而诸如安进和家得宝之类的企业则认为，人力资源部的职能和人才管理是赢得更广阔未来的必要条件。

在着手进行人才建设时，问问自己后面框中提到的问题。如果能得到10—12个肯定的答案，说明贵公司是一个标杆企业，我们为贵公司鼓掌并希望你们能再接再厉。如果能得到7—9个肯定的答案，说明贵公司把人才放在很重要的地位，并且做得不错，但还要努力改善没有得到肯定答案的方方面面。如果只能得到6个或6个以下肯定的答案，那么，好消息是贵公司有很多同伴——我们相信（基于对200多家企业的调查经验），大多数企业的平均分是3—4个肯定的答案——而坏消息是贵公司的路还很远，而且可能已经或者将会被竞争对手超越。

第一年就要产生显著效果

尽管人才管理是一条漫长之路，我们还是应该在第一年就收到显著效果。如果不能，则说明你的措施不够大胆，或者没有投入足够的时间和金钱来加强人才储备，或者人才标准设置得不够高。期望第一年就要产生巨大的影响，然后设计一个可以实现这一目标的计划。

我们原以为人才回报在时间上会很不确定，可能需要三四年甚至五年时间，才能产生实质性的效果。但后来我们改变了想法，这完全出乎我们的预料。我们现在意识到，一年之内产生显著效果不是期望，而是原则。要知道，太阳信托银行在一年之内就将其增长率从4%提高到10%，主要是因为有了更多优秀的员工。珀金埃尔默也是在不到两年的时间里，在调整业务结构的同时加强了队伍的管理，从而使市值翻了3倍。米米·布里登在18个月内，就将绩效优异者的收益提高了80%，她只是将人才管理作为自己及其

你是否做好了人才战争的准备?

1. 人才是贵公司最重要的三件事之一吗?

2. 你是否把30%或更多的时间用来加强人才储备?你认为人才开发是你的工作吗?

3. 你和所有的重要人士都清楚地知道应该为加强人才储备负责吗?

4. 你们的员工价值主张很有竞争力吗?可以把人才吸引到贵公司吗?

5. 你知道公司里绩效优秀的年轻人的流失率吗?他们为什么离开?是否采取了措施来减少这些令人遗憾的流失?

6. 你在招聘方面很大胆吗?是否为组织的各个层级(包括高级岗位)招聘新员工?

7. 你的部门有完善的书面招聘策略吗?是否与市场策略一样严谨?

8. 你是否给绩效最好的员工提供快速成长的机会,发放迥然不同的薪酬并提供真正的导师指导?

9. 你的组织是否拥有提倡坦率沟通和教练式辅导的企业文化?

10. 你的组织是否有与财务预算一样重要而严格的人才评估流程?这个流程是否贯穿整个组织?

11. 人才评估会议是否开诚布公?讨论会有实际的成效吗?

12. 贵公司每年的员工流失率是否控制在5%—10%之间?你们会持续对绩效不佳者采取措施吗?

直接下属的重要的工作内容。拉里·博西迪通过对其直接下属提出公正而坦率的书面反馈意见，一年之内就在联合讯号公司建立起一种开诚布公的文化。

上述这些事例的共同特征是领导者都采取了大胆的措施，以便快速取得实质性的影响，这是必须的。各级领导从上到下都要把优秀的员工和更好的绩效当作最重要的事，否则，我们看到的只能是变化迟缓、小心翼翼和议论纷纷。很多企业都比太阳信托银行更小心，他们可能不像太阳信托银行那样投资 5000 万美元，而是 500 万。很多领导者也倡导坦率，而博西迪则亲自给每一位直接下属写 2 页坦诚而具有建设性的备忘录，以此把这种开诚布公的文化建立起来了。

查克·奥克斯基，通用电气的高管发展部前副总裁，将"立竿见影"的理念又向前推进了一步。"通过把 A 级员工放在核心岗位，可以立即产生作用，而不是在一年以后。"他说，"当拉里·约翰逊在 1996 年 6 月成为通用电气欧洲医疗系统业务的负责人时，"奥克斯基接着说，"他做的第一件事，就是组建驻扎在布拉格办事处的整个欧洲管理团队。他在亮相演讲中告诉团队，他希望看到销售额实现大幅增长，并详细说明了如何才能做到。接下来，他花了 6 个小时与客户讨论（办事处大部分人已经好几个月没有做这种事了），问他们：'我们如何才能拿到你们更多的业务？'他们当晚就为每个客户设计了行动方案，并且马上实施。一天之内，团队就发生了变化，变得充满激情与自信，几个月之内，各种提升的指标就接踵而来。"

人才战争就需要这样雷厉风行。旧有的观念认为："投资人才很好，但投资回报不确定，所以要小心从事。不要投资太大，要慢慢来，先试行一两个方法，让人力资源部去做吧。"而新观念则认为："我们一年之内就能收到极大的实质性的成效。每一个领导者，从上到下都要为加强人才储备而努力，并为此采取一切必要的措施。"

记住，这条路没有尽头

你可以在一年之内就收到显著成效，但是，人才建设不是一个开始然后结束的计划，而是一个持续的、重要的商业管理新方法。人才管理必须根植于领导者的工作理念之中，评估及持续加强人才储备必须成为商业管理的核心，就像规划、新产品、生产力提高和财务预算一样。

对每个公司来说，总是有下一个重要的人才建设方案。那些作为我们的标杆并给我们启发、成为我们学习典范的公司，其本身也在努力将其人才管理推向新的高度。

"3年以来，人才开发一直是我的头等大事，现在也是我的头等大事。在未来3年，它仍将是我的头等大事。"格雷格·萨米曾这样说。尽管萨米大大加强了前200名经理的队伍建设，在他的部门主管和很多其他人头脑中灌输了人才理念，并使公司的市值提高了3倍，他仍然在努力做得更好。对200名经理以外的人才，萨米的评价并不高。他觉得公司没有培养出足够多的全球化经理，并且他知道，为了创建开放并充满信任的氛围，他们还有很多事要做。萨米对珀金埃尔默有更大的抱负，并不断地为股东寻找价值增长的机会。他认为，要做到这一点，唯一的办法是每个企业、每个职能部门和每个地区都培养出最优秀的人才。他承认，"要实现这一目标，我们还有很长的路要走"。

尽管安进的人才观念很强，员工价值主张也很有影响力，但它也承认一切才刚刚开始。是的，最高管理层有"人才开发是我的工作"的理念，他们的员工价值主张也是世界级的，他们致力于开发员工，但事实上，安进刚刚启动了稳健的人才评估，开诚布公的企业文化的建立还举步维艰。安进承认，在它宣布成为世界上卓越的医疗企业之一之前，它的人才梯队建设还需要大大加强，这样才能与默克和辉瑞公司一较高下。

太阳信托银行也是如此。通过人才管理措施，太阳信托银行在一年之内就将其增长速度提高了3倍，但它仍有很多事要做。事实上，在同意参与为撰写此书而进行的调查时，首席执行官菲尔·休曼就要求我们不要夸大银行过去3年里取得的进步。"我们可能还只是在半路上。"他承认。休曼解释，太阳信托银行在提高人才质量、招聘外部人员、完善人才管理机制和对低绩效者采取行动等方面取得了一些进步，但是还远远不够。标准一直在提高，增长放缓，竞争加剧，利润也在下降。"我们不仅要涉及新的领域，同时还要保住已经取得的成果。"休曼说，"我们必须继续扩大人才储备，给我们的员工提供更多的发展机会，同时要注意留住年轻人。是的，标准越来越高了。我敢说，我们仍然有20%的人达不到新的标准。我知道我们必须把注意力集中到激励年轻人上——更不用说我们必须加快速度，以取得成效。"

我们可以这样想：在人才管理方面，通用电气比我们调研的任何一家企业都更努力、做得更早，而且做得更好，他们已经做了40多年了。然而，对其级别最高的500个岗位，通用电气仍然继续从外部招聘20%；每年仍然对各个层级绩效最差的经理采取大胆的措施；此外，杰克·韦尔奇在卸任之前，一直把50%的时间花在人才问题上。像通用电气这样在人才管理方面已经非常擅长的企业，仍在不断地提高其管理人才的水平。为了不掉队，每个企业都不得不持续改进。

是的，这听起来就像永无休止的长途跋涉！好的一面是，你可以在不到一年的时间就取得成果，乔治亚太平洋就是一个鼓舞人心的例子。

乔治亚太平洋包装公司生产了大量的瓦楞纸包装箱，1997年，其瓦楞纸包装箱的销售额大概在14亿美元左右，这些箱子由遍布美国的50家包装厂生产。对外人来讲，生产瓦楞纸包装箱似乎很简单，也没有什么创新与提

第7章 行动起来，一年之内就要产生显著效果

高绩效的空间。然而事实上，生产瓦楞纸箱和管理一家包装厂是一个技术活儿，它需要专门的工业技术和强大的领导力。

早在1998年，史蒂夫·马克亚当就成为乔治亚太平洋公司箱纸板和包装事业部的新高级副总裁。在刚上任的3个月里，马克亚当与由5名区域经理组成的团队一起，研究了生产效率、安全和质量等一系列绩效提升问题，很快就摸清了问题的根源。任何方面的提升都与包装厂总经理的能力息息相关。

马克亚当现在已经是纸浆和纸板事业部的执行副总裁，当年他把5个区域经理都找来，一起评估这50名包装厂的总经理。"史蒂夫坚持要坦率。"其中一名区域经理回忆道，"对每一位总经理的评估都很艰难，一次就需要几个小时。"马克亚当要求每位区域经理对每位包装厂总经理写下一页纸的书面评价，通过对总经理们在战略思维、领导力、绩效伦理以及财务业绩等4个维度的考察，区域经理必须把他们分成5个等级。

"史蒂夫与我们并肩工作，"一名区域经理回忆说，"他拜访了这50名包装厂总经理，并倾听他们谈话。他试图说服别人，也愿意接受不同的意见。"最后，小组得出了有效人才管理的5项原则：坦率、区分、结果管理、关心员工及其事业，以及肯定。

评估的结果是，区域经理和马克亚当决定替换几乎一半的包装厂总经理。"有些人无法在组织里找到岗位。"马克亚当回忆说，"不管怎样，做出这样的改变是一件困难的事。"他对辞退员工特别纠结，"你无法入睡，因为你知道这些人都有家人，他们不得不回家告诉孩子，他们丢了工作。"在马克亚当上任后的20个月里，22名包装厂总经理离开了岗位，有的提前退休了，有的横向调动，有的被辞退，还有一些辞职了。

随后就是紧张地寻找新的总经理，不过在6个月内，新的总经理就都找到了。有6名是乔治亚太平洋原有的各级管理者，其他的则全部从外部招

聘，他们都有可靠的行业经验。区域经理和马克亚当一起，到各个包装厂了解情况，以设定生产率、质量、安全和利润等目标。即使是依靠这些新任的总经理，这也不是很容易的事。

随着计划的推进，他们意识到，替换总经理并不能一夜之间改变他们的业务。每个工厂的人才管理方面的缺陷都根深蒂固，要想实现业务方面的实质性转变，这个问题必须解决。问题是，在过去25年，很多工厂都是由同样的人重复着同样的做法，要想改变，会有很大的阻力。

比如，在芝加哥的包装厂，新任总经理史蒂夫·韦尔斯发现需要采取极端措施。"当我在1999年接任总经理时，工厂已经20年没有赢利了。事实上，工厂在1998年亏损了530万美元。安全事故时有发生，而且最近差一点就出现伤亡事故。我们位于城市南部的一个高危区域，在工厂之外人身安全随时面临威胁。总而言之，这不是一个好地方。"

在区域经理们的指导下，韦尔斯第一次向人才问题发起了进攻。他与所有核心员工（先是领月薪的，然后是领时薪的）进行了面谈，并对他们作了评估。韦尔斯发现，大多数员工都很努力工作，他们只是缺乏指导、激励和领导。"当我告诉工厂的130名员工，我们亏损的背后真正意味着什么，并让他们意识到我们为什么要扭转局面时，我马上看到了变化。已经很多年没有人关心他们或他们的事业了。对我这一改变哲学不买账的人，他们自己选择了退出。"

事实上，韦尔斯手下26名领月薪的员工，有10人在6个月之内就离开了。

团队配置好之后，韦尔斯马上开始加强与下属的沟通。他制定了周一晨会制度，会上每个领月薪的员工都要汇报其部门的工作。韦尔斯要求这些人每个月通过团队建设活动微调一次工厂的任务和目标，这样他们既可以找到问题，又不用埋怨别人。通过讨论，成立了特别工作组，负责解决问题。韦尔斯补充说："现在，我们聚焦于人，而且是以绩效为导向。在过去一年里，看着员工成长并正向反馈，是一件令人惊叹的事！"

韦尔斯的结果也很令人满意：一年之内，工厂的员工又结成了一个团队。事故从7次减少到了2次，1999年亏损40万美元，2000年则赢利330万美元。由于韦尔斯的成功及其在人才管理方面的努力，他最近被乔治亚太平洋授予"杰出领导力"勋章。谈到奖励，韦尔斯说："就在6个月之前，当我们考虑把这个工厂卖掉的时候，我仍然决定留下来。我宁愿与这些伙伴们在一起，也不愿意到乔治亚太平洋的其他工厂。我不会卖掉我亲手建起来的团队，毕竟我们一起经历了这么多。"

五位区域经理之一的特里·奇诺蒂被韦尔斯这位新任总经理所带来的变化惊呆了。他指出："我后来知道马克亚当所说的人才是什么意思了。我以前把70%的时间都用在了推动各种措施和指导下属上了，新的总经理来了后，我就不用再推动和指导了。"这使他改变了原来关于人才的看法。"现在我把70%的时间都用于给工厂里的核心岗位配置领导型的人才。现在我知道，人才就是关键所在。"

让奇诺蒂信服的是良好的人才管理带来了经济效益。"给我一个只有普通管理者的全新工厂，我能在一年之内让它赢利100万美元。"他说，"比较来看，如果是一个有杰出领导者的旧工厂，则一年能赢利300万—400万美元。我会给普通管理者发放11.5万美元的薪水和6万美元的奖金，给杰出的经理13.5万美元的薪水和9万美元的奖金。虽然多发了5万美元，但我每年都可以持续赢利200万—300万美元。"

那么他之前为什么没有意识到这一点呢？"我们没有人才评估流程，没有坦率的沟通，也没有绩效管理。我们根本就没有把时间用来讨论人才问题，坦率地说，我们没有意识到优秀的人才会带来如此巨大的变化。"奇诺蒂总结说。

大多数董事会都忽略了人才杠杆

在保证公司拥有强大的人才库的过程中，另一个发挥重要作用的群体应该是董事会。如果他们忽略了，是不是犯了疏忽罪呢？

董事会通常不负责公司的人才活动。当我们最近研究了美国50家大公司的年报后发现，事实上没有一家公司有人才委员会。这种现象表明，一个重大机会被忽视了。

大多数董事会当然会帮助选择新的首席执行官，薪酬委员会则会决定最高级别的5—20名官员的薪酬。然而，我们对35家公司400多名公司级高管的调研显示，除了这些，董事会在协助公司加强人才储备方面所起的作用就不是很重要了。事实上，当我们询问时，只有26%的公司级高管"部分同意"或"完全同意"这样的观点：董事会真正了解公司前20—100名管理者的强项与弱点。

如果董事们不知道高管的强项与弱点，他们怎么能做出明智的薪酬决策呢？当被问到"董事会会不会调查每个单位的强项和弱点"时，只有27%的人完全地或部分地持肯定意见。当被问及董事会在加强公司整体的人才储备方面是否发挥了重要作用时，只有35%的人持肯定意见。

通常是由首席执行官向董事会介绍公司最高级别的10—25名管理人员的情况，每年一次，大概持续几个小时。有人会问一些很礼貌的问题，可能也会就某个陷入困境的管理人员提出一两个试探性的问题，或者对一个空缺职位提出一些简单的建议，然后大家就去喝酒了。也许这是一种夸张的说法，但并没有你想象的那么夸张。

第7章 行动起来，一年之内就要产生显著效果

思考一下，董事会还能做些什么。大多数公司的董事会有200—400年的集体经验，而且基本上都是公司所在行业的经验。很多董事知道（或者应该知道）人才的黄金标准是什么以及到哪里去找这些人。然而通常情况下，他们不会与公司分享这些经验。

下面是我们给董事会的建议：

（1）在董事会里设立一个人才委员会，由3—4名最具有人才观念的董事组织。

（2）确保公司首席执行官、首席运营官和事业部的高级领导拥有此前所讲到的人才观念。

（3）确保公司的人才评估流程严谨而且有很强的探索性，评估后能制定行动密集且可衡量的计划，以加强公司各部门的人才储备。

（4）每年找一个僻静的地方开两天会，由首席执行官和人力资源执行副总裁汇报公司的人才储备情况。

（5）持续向首席执行官和重要领导者提出关于加强公司人才储备的积极建议。

我们最近问易安信公司的执行主席迈克·鲁特格斯，在珀金埃尔默公司董事会任职学到了什么。他说："每次召开董事会会议，格雷格·萨米都会向大家汇报最新的人才评估结果和他的人才管理措施。大多数企业都没有这么做，所以，大多数董事会没有持续而系统地关注公司人才库的加强和开发。"他补充说，"我鼓励所有我出任董事的公司都建立这样一个流程。这彻底改变了我管理企业的观念。不用说，我们在易安信公司也建立了类似的流程，我欢迎董事会的参与。"

当第一年的硝烟散尽时，马克亚当和他的 5 名区域经理将 246 名下属换掉了 96 个。新团队就位后，马克亚当和他的团队一年之内把利润从 2000 万美元提升到 8000 万美元，而在此期间行业价格却没有上涨。

完成了人才团队的大幅升级后，马克亚当开始把眼光放得更加长远。乔治亚太平洋公司已经以家具制造商的著名培训项目为标杆，为经理们建立了一个强有力的培训计划。"我们相信我们的经理想发展、能发展，而且希望把工作做得更好，"马克亚当说，"他们会不断接受培训，这是公司对他们负责的明证。"马克亚当阐述了乔治亚太平洋有效培训的四大原则。第一，永远让最合格的人——而不是受过培训的人——担当职责；第二，人们必须主动要求培训，他们必须有这种愿望；第三，培训必须及时；第四，必须找到测量培训效果的方法。

马克亚当说："我对手下人说：'如果你想成为工厂经理，需要拥有 4 种技术能力和 3 种领导能力，你目前需要这样提高各种能力。既然你已经知道自己所处的位置，现在就看你自己的了。我建议你接受教练式辅导和反馈，并参加一项培训计划。是的，绩效很重要，但在我们提拔你之前，必须把这些技能提升到新高度。'"

利润在一年之内从 2000 万美元提高到 8000 万美元，一群精英各司其职，员工们对工作都很兴奋并充满干劲，标杆培训计划也启动了。看起来一年之内的效果真的不错。

麦卡利中学

到目前为止，本书介绍的案例都是关于商业的。然而，加强人才储备可以对任何组织产生效果——不论是政府机构、管弦乐团、教堂还是犹太教堂，甚至是田纳西州山区的一所男子中学。

麦卡利中学是一所有着100多年历史的成功的男子预科学校。学校位于田纳西州查塔努加市的传教士山下，从6年级到12年级有880名男生。在价值观、核心课程和团体精神方面，麦卡利中学一直名列前茅。然而在标准化考试成绩和大学升学率方面，与东部最好的寄宿学校相比，它还是略逊一筹。最优秀的男生在学术和领导力方面都非常杰出，但在人数上还是少了些。

为了改善这一状况，麦卡利中学和一些校友制订了一个荣誉奖学金计划，以吸引9年级和10年级最优秀的住宿学生。麦卡利中学的奖学金以北卡罗来纳大学世界闻名的莫尔黑德奖学金为样本，设定了非常严格的标准：要拿到此项奖学金，学生的标准化考试成绩必须居于全国前10%并且是优秀，此外还要品格优秀并具备领导者潜质。

麦卡利中学成立了许多校友委员会，从美国的整个东部和南部选拔学生。他们请优秀公立学校和其他预科学校的辅导员宣传这一消息。学校董事会募集了1200万美元，每年资助多达17份奖学金。第一年有60名学生获得提名，其中2名获得了全奖，10名获得了半奖，还有13名获得了四分之一奖，有17名被录取到麦卡利中学的2000年班。

人才的注入立即产生了效果。新招进来的学生马上成了宿舍里、田径场上和学生自治会中的领袖。9年级的标准化考试成绩从47%一下子跃升到67%。这些学生不仅拉高了学校的标准，还带动了大多数同学做得更好。因为这些学生不太需要关注，老师们得以把更多的时间花在那些遇到困难的学生身上。"这些荣誉学生的热情、努力以及领导力具有传染性，"高中部主任肯尼·索尔说，"这种兴奋也影响了其他同学，参与各种活动以及取得好成绩一下子成了很酷的事儿。"

南加州大学四年级学生雅各布说:"因为麦卡利中学给了我那么多机会,我知道将来要做一些有意义的事,而且我觉得在学校时,就应该有所回馈。我努力从自己做起,鼓励其他同学参加学校的活动,帮助他们完成功课,努力成为每个人的朋友。结果是,我收获了一大群很棒的朋友,并在学习上取得了很大的进步。"

校长柯克·沃克有理由自豪。"不到1年,我们就极大地提升了9年级的水平,"他解释说,"不到3年,我们就改变了整个学校的风格,无论是宿舍里、田径场上,还是课堂上。"他补充道,"优秀人才的到来对于其他男生、老师、管理人员、课程体系以及整个学校都是一种挑战,这就要求我们必须做得更好。人才如水,水涨船高。"

人才如水

人才如水,水涨船高。这句话是用来描述田纳西州的一所男子中学的,其实也适用于安进、珀金埃尔默、太阳信托、利明特、艾睿电子和很多其他公司,也可以用来描述你所在的组织,或者你自己,如果你希望通过人才管理方面的努力,取得不平凡的成就。

不管你是刚开始,还是已经积极地开展你公司的人才管理提升工作,我们都敦促你大胆行动并持之以恒。要记住,人才管理是一条无止境之路,没有终点。正如赛门铁克首席执行官约翰·汤普逊苦笑地指出的:"有时候我认为,打人才大战就好比在波士顿马拉松赛中跑上了心碎坡,但事实上,则更像在跑步机上永无休止地冲刺。跑步总有一个终点,但人才战争却需要一直跑!"

我们希望,你从本书中学到的原则和案例能给你带来勇气、能量和灵感。你可以很快地使组织的绩效发生实质性的变化,只要你坚信人才计划,理解员工们的期望,发展他们、鼓励他们,在他们身上投入时间与精力,对所有下属的努力都保持坦率和关心的态度。在此过程中,托付于你的人才(塔兰特币)就会像《圣经》中的寓言所描述的那样,带给你成倍的回报,而你所在的组织也一定会获得成功!

附录 | The War for Talent

人才战争调查

在"关于人才战争研究"部分,我们解释了麦肯锡公司人才战争调查的目标和参与者,在本附录中,我们对调查方法做一些补充。

参与企业

1997年,77家以美国为总部的大型企业参与了人才战争调查(见图A-1)。我们分别给这些公司的3个不同的群体即企业高管、高级经理和人力资源高管发送了3种问卷。企业可以选择参与其中的1个、2个或全部调查。40家公司参与了企业高管的调查,55家公司参与了高级经理的调查,72家企业参与了人力资源高管的调查。

2000年,35家以美国为总部的大型企业和19家以美国为总部的中型企业参与了人才战争调查(见图A-2)。仍给这些企业的3个人群即企业高管、高级经理和中层经理发送了3种问卷。所有公司都参与了这3种调查。

雅培	达美航空	美国全国保险
安德普翰	艾克德连锁药店	纽柯钢铁
加拿大铝业	埃尔帕索能源	太平洋健康系统
美铝公司	电子数据系统	菲利普·莫里斯
联合讯号	易安信公司	瑞利亚星金融
美国电力	安然	瑞声达
美瑞泰克科技	通用电器	雷诺兹
安进	哈雷戴维森	西尔斯
艾睿电子	惠普	瑟维斯商品
Baan	英特尔	宣伟涂料
美国第一银行	国际纸业	圣保罗保险
百特国际	财捷集团	史泰博
美国BD公司	强生公司	太阳信托银行
贝尔南方	科凯国际	技术数据公司
百仕福	凯撒医疗集团	特拉工业
百时美施贵宝	五月百货公司	德士古
北伯灵顿三塔	麦肯锡	德事隆
金宝汤	米德公司	盖普
康德乐公司	美敦力公司	家得宝
大通银行	默克制药	全美人寿
雪佛龙	孟山都	美国西部电话
芝加哥权利信托	纳贝斯克	联合技术公司
信诺保险	纳科工业	维亚康姆
辛辛那提能源	全国服务工业	弗吉尼亚电力
高乐氏	国民银行	富国银行
西维斯		威廉姆斯

图 A-1 参与 1997 年调查的 77 家大型企业

雅培	考克斯通讯	全国服务工业
加拿大铝业	爱迪生国际	欧文斯科宁
美国运通	美国第一银行	PPG 工业
艾睿电子	GATX 公司	珀金埃尔默
艾利丹尼森	休斯电子	罗克维尔
百特国际	汉汀顿银行	SLM 控股公司
贝尔克商品服务	JP 摩根	太阳信托银行
百时美施贵宝	林肯金融	哈特福德金融服务
金宝汤	美林	利明特
嘉吉	Micro-Warehouse	富国银行
辛辛那提能源	摩根士丹利添惠	扬罗必凯广告
CNF 运输公司	国民城市银行	

图 A-2　参与 2000 年调查的 35 家大型企业

绩效优异与绩效一般企业的定义

在 1997 年的人才战争调查中，我们按照企业近 10 年给股东带来的回报总额来界定绩效优异或绩效一般。我们通过标准工业代码（SIC）找出总部设在美国的公开上市公司，然后按照 SIC 分类，以其近 10 年给股东的回报总额（TRS）排序。我们把 TRS 排名前 20% 的企业视为绩效优异，而中间的 20% 视为绩效一般。我们只邀请前 20% 和中间 20% 的企业参与调查。其中 44 家是绩效优异企业，33 家为绩效一般企业。

在 2000 年的人才战争调查中，仍采用同样的方法对大型企业在各个 SIC 分类中排序，然后定义绩效优异者与绩效一般者。这一次采用的是 3 年或 5 年的 TRS 数据，而不是 10 年的。在 35 家大型企业中，我们定义了 11 家绩效优异企业和 8 家绩效一般企业。